Christian Meunier

Prosodie, intonation et Grammaire

la Grammaire du F.L.E.

christian Meunier

www.la-grammaire-du-fle.com

BOOK en DEMAND
www.bod.fr

Autres ouvrages du même auteur :
→ **eGrammaire BoD** 2014 ISBN : 978-2-322-08398-5
→ **Grammaire participative BoD 2 015** ISBN : 2 015 978-2-322-08403-6
→ **Petit guide de la Phonétique corrective BoD** ISBN : 978-2-322-08399-2
→ **Apprendre à enseigner les temps simples du passé BoD** ISBN : 978-2-322-08461-6
Avec Gérard Meunier
→ **OrthoFle Le guide du professeur d'orthographe Éditions du FLE- Distribué par Bookelis 2017** ISBN : 979-1-094-11308-0
Avec Jean Piètre-Cambacédes
→ **La Conception du temps en français, anglais, allemand Éditions du FLE- Distribué par Bookelis 2017** ISBN : 979-1-094-11309-7
→ **Théorie des Temps grammaticaux fondée sur les Traits pertinents temporels BOD** ISBN-978-2-322-09134-8
→ **Enseigner les Traits pertinents temporels BOD** ISBN-978-2-322-09151-5
→ **Unifier l'emploi des Temps par l'utilisation des Traits pertinents temporels BOD** ISBN-978-2-322-16516-2
→ **Enseigner la Valence verbale BOD** ISBN-978-2-322-12841-9

Site d'accompagnement de cet ouvrage : www.la-grammaire-du-fle.com

Pour joindre B.O.D. : https://www.bod.fr/librairie/catalogsearch/result/?q=Christian+Meunier

Pour joindre Bookelis : https://www.bookelis.com

Pour joindre l'auteur : christmeunier@icloud.com

ISBN : 978-2-322-09600-8

9 782322 096008

BOOK on Demand
www.bod.fr

1. Avant-Propos

Chacun sait que le français est une langue. Mais bizarrement, rares sont ceux qui font un rapprochement entre la langue en tant que système linguistique et la langue en tant qu'organe de la parole.

L'école fait un grand usage de l'écrit sous la forme de livres, de cahiers destinés à contenir les notes prises par les élèves ou de feuilles de copies qui contiennent les devoirs ou les contrôles des apprenants.

Le téléphone portable, dont on aurait pu penser qu'il favoriserait l'usage de la langue orale, sert le plus souvent à établir un lien par écrit avec les réseaux sociaux, qui encouragent à expédier des SMS ou de simples prises de position sur des forums.

La lecture de ces écrits montre les énormes difficultés que pose la langue écrite par rapport à la langue parlée. Voici un exemple tiré d'un forum sur le chanteur Johnny Hallyday.

Re: Rentre chez toi

FUENTES le Lun 9 Jan - 21: 34

ben si , il reste quand même un inédit puisque il a été édité que pour l'ocasion de l'emission hallyday part johnny passer sur canal +!!

se cd est en vente uniquement au fan club et pas dans le comerce!

donc il reste inédit!

pour moi, il ne sera plus concidérer comme un inédit quand ont l'integrera dans le bercy 92 en comerce!

pour l'instant se n'est pas le cas!

ont pouvais pensser qu'il aller êttre intégrer dans le bercy 92 du coffret live 2003, ben non!

Celui qui a produit ce texte et qui nous pardonnera si nous ne citons pas son nom aurait eu zéro s'il s'était agi d'une dictée. Il a tendance à ne pas redoubler des consonnes qui devraient l'être (*ocasion, *comerce), ou à redoubler des consonnes qui ne devraient pas l'être (*pensser, *êttre). Il se trompe de nature de mot (*se cd au lieu de ce cd, *se n'est pas au lieu de ce n'est pas), conjugue un pronom (on l'intégrera/on pouvait penser) comme si c'était un verbe (*ont), confond le participe (sera considéré/allait être intégré) avec l'infinitif *sera considérer/ *allait être intégrer), conjugue mal (on pouvait / *on pouvais), et il ne sait pas distinguer le participe passé (après un auxiliaire) intégré de l'infinitif intégrer.

Mais si ce texte est lu à haute voix, l'auditeur ne remarquera à l'oreille que deux erreurs : *puisque il [pɥiskəil] au lieu de puisqu'il [pɥiskil], et, à condition de faire la liaison [ʁ] aller être intégré [a-lɛ-ʁɛ-tʁɛ̃-te-gʁe] au lieu de allait être intégré [a-lɛ-tɛ-tʁɛ̃-te-gʁe].
La grande majorité des fautes passent donc inaperçues à l'oral.

On remarque à cette occasion que le français écrit est beaucoup plus complexe que l'oral, justement à cause des consonnes redoublées ou non, des nombreuses lettres écrites qui ne sont pas prononcées, des accords nombreux qui sont inaudibles à l'oral, des diverses formes conjuguées complexes qui s'écrivent différemment alors qu'elles sont lues de façon identique (j'interpelle [-ɛl]- / nous interpellons [-əl-], etc.

Le français oral est la langue de base, celle que les enfants apprennent intuitivement, au contact de leurs parents et de tous ceux qui les entourent. Ils acquièrent ainsi une grammaire intuitive qui leur servira à maîtriser le français oral nécessaire à leur existence, jusqu'au moment où ils apprendront à lire et à écrire, et où ils commenceront à apprendre la grammaire cognitive, qui leur enseignera les pronoms, les accords dont celui du participe, les conjugaisons et l'emploi des voix, des modes et des temps, la construction des compléments et des subordonnées, le discours indirect etc.

L'oral, qui est donc la langue de base, est aussi celle de la pensée. Lorsque l'on essaie d'argumenter dans sa tête, on le fait comme si on parlait. Évidemment, plus on avance dans les études, plus l'oral dont on dispose est évolué. Mais il n'en demeure pas moins que l'on apprend à penser et à réfléchir en même temps qu'on apprend le français oral.
C'est cette même langue orale qui nous permet d'appréhender le monde autour de nous. Apprendre une autre langue, c'est apprendre à voir les choses sous un autre angle. Quand le Français dit « L'habit ne fait pas le moine. » l'Allemand dit « Kleider machen Leute. » (« Les habits font les gens. ») Et en fait, ils ont raison tous les deux : Ce n'est pas parce que quelqu'un est habillé en moine qu'il en est forcément un (vision des Français), mais en revanche, si on veut tromper des gens, on attirera plus leur confiance si on est habillé en moine, ou en policier, que si on est habillé comme tout un chacun (vision des Allemands).

La langue orale est donc d'une importance primordiale. Pourtant, si l'on regarde dans les livres de grammaire les plus connus, on constatera que la phonétique, et l'intonation en particulier, sont réduites à la portion congrue. On trouve même des livres de chercheurs en intonation dans lesquels aucun exemple n'est écrit en écriture phonétique, ce qui amène à raisonner sur de l'écrit, ce qui est bizarre pour une étude sur l'intonation, phénomène touchant l'oral. Il est donc temps que l'on aborde la grammaire sous un autre angle et que l'on accorde à la prosodie, et en particulier à sa composante l'intonation, l'attention qu'elles méritent.

Nous nous proposons ici de présenter la prosodie du français sous un angle didactique, tenant compte des phonèmes, des syllabes, des monèmes, de la décomposition en mots phoniques ainsi que de l'intonation, et de montrer son influence tant sur le français oral que sur le français écrit, tant dans la grammaire intuitive que dans la grammaire cognitive. Nous traiterons aussi bien du décodage (compréhension orale) que du codage (production orale).

Cet ouvrage est fait avant tout pour sensibiliser les enseignantes et les enseignants à l'importance de l'utilisation de la *prosodie*, y compris sa composante *intonation*, dans l'enseignement du FLE en particulier, de la grammaire du français tout court au sens large.

L'enseignante et l'enseignant intéressés trouveront sur notre site www.la-grammaire-du-fle.com une formation en phonétique corrective pour les enseignantes et les enseignants de FLE, ainsi qu'un apprentissage théorique et pratique de la prononciation (compréhension et production orales) pour les apprenants.
Cette formation en phonétique corrective vient compléter notre petit guide {Meunier 2015a}.

2. Du phonème au texte

→ Définitions

Le dictionnaire de la linguistique {Larousse 2012, p. 385} donne de la prosodie la définition suivante :

« Le terme prosodie se réfère à un domaine de recherche vaste et hétérogène, comme le montre la liste des phénomènes qu'il évoque : accent, ton, quantité, syllabe, jointure, mélodie, intonation, emphase, débit, rythme, métrique etc. Les éléments prosodiques présentent la caractéristique commune de ne jamais apparaître seuls et de nécessiter le support d'autres signes linguistiques. Leur étude exige donc leur extraction du corps vivant de la langue bien que le contrôle neuronal des faits prosodiques soit en partie indépendant des autres faits linguistiques qui leur servent de support. »

Nous allons donner ici une définition de la prosodie et celle de l'intonation qui se limite aux éléments du langage qui nous intéressent pour notre étude.

- Nous comprenons par *intonation* l'ensemble des phénomènes suprasegmentaux dus à l'activité des cordes vocales et couvrant :
  o Les variations de la *hauteur* (nombre de vibrations par seconde en Hz).
  o L'*intensité* de ces variations (en dB) et la répartition des accents toniques (syllabes accentuées) qui en découle.
  o La *durée* des phonèmes et des syllabes (en ms).

- Notre vision de la prosodie comprend
  o L'intonation,
  o L'agencement des phonèmes en syllabes,
  o Le découpage en mots phoniques

→L'objet de notre étude

Nous étudierons l'action de la prosodie et ses rapports avec la grammaire du FLE.

Étant donné l'importance de l'oral dans l'enseignement et l'apprentissage des langues, il est difficile d'être un bon enseignant, ou une bonne enseignante de FLE sans connaissances dans les domaines du système phonique et de la prosodie, particulièrement de sa composante l'intonation.

Il est nécessaire de bien en posséder les bases pour enseigner le système, pour assurer une bonne compréhension et une bonne production au niveau oral. En outre, il faut pouvoir reconnaître et bien identifier les fautes des apprenants, et pouvoir les corriger ad hoc, ou dans un traitement que l'on aura mis au point, comprenant des exercices de compréhension, puis de production. Il faudra alors prévoir des exercices d'application directe, puis des exercices de transfert dépaysants, où l'apprenant oubliera qu'il fait des exercices de phonétique, tout en appliquant les règles apprises.

On trouvera plus de détails sur les principes de la correction phonétique dans Meunier 2 015 (Petit guide de la Correction phonétique). Ce qui nous intéresse ici, c'est l'effet de la phonétique sur la grammaire du français.

→Partons d'un exemple à la recherche de tous ses constituants :

✦ *Des tomates poussent dans le vieux jardin.*

Écrivons cette phrase en API comme nous avons l'intention de l'écrire plus tard :
[de-to-mat / pus-dɑ̃-lə-vjø-ʒaʁ-dɛ̃ //]

Nous allons ensuite en extraire les constituants :

Les phonèmes (22)	Les voyelles *(9)*	[e, o, a, u, ɑ̃, ə, ø, a, ɛ̃]
	Les consonnes *(12)*	[d, t, m, t, p, s, d, l, v, ʒ, ʁ, d]
	Les semi-consonnes *(1)*	[j]
Les syllabes (9)		[de, to, mat, pus, dɑ̃, lə, vjø, ʒaʁ, dɛ̃]
Les monèmes (7)		[de, tomat, pus, dɑ̃, lə, vjø, ʒaʁdɛ̃]
Les mots phoniques (2)	Sujet *(1)*	[de-to-mat/]
	Verbe *(1)*	[pus-dɑ̃-lə-vjø-ʒaʁ-dɛ̃//]
Phrase (1)		[de-to-mat / pus-dɑ̃-lə-vjø-ʒaʁ-dɛ̃ / /]

Étudions maintenant ces éléments.

2.1   Les phonèmes

Les phonèmes constituent l'unité de seconde articulation (la première étant le monème, soit le lexème et le morphème).
Nous avons dans notre exemple vingt-deux phonèmes que l'on peut classer dans les trois séries bien connues :
- Les voyelles : [e, o, a, u, ɑ̃, ə, ø, a, ɛ̃]
- Les consonnes : [d, t, m, p, s, l, v, ʒ, ʁ]
- Les semi-consonnes (ou semi-voyelles). [j]

2.1.1   Le continuum oral

En réalité, la réalisation orale constitue un continuum qui ne s'interrompt que dans deux cas :
- Lorsque le phonème est une consonne occlusive sourde ([p], [t], [k]), tant que l'air est empêché de sortir pas les lèvres [p] , la pointe de la langue contre les alvéoles [t], ou le dos de la langue contre le palais [k], avant l'explosion déclenchée lorsque l'obstacle cède.
- À la fin d'un mot phonique, avant que le locuteur ne passe au mot phonique suivant.

Le premier problème, pour l'auditeur, est celui d'identifier les sons.
Ceux-ci peuvent être répartis en trois catégories :
- Les voyelles : [i, e, ɛ, a, y, ø, œ, ə, u, o, ɔ, ɑ, ɛ̃, œ̃, ɔ̃, ɑ̃]
- Les consonnes : [p, t, k, b, d, g, m, n, ɲ, f, s, ʃ, v, z, ʒ, ʁ, l]
- Les semi-consonnes (ou semi-voyelles). [w, ɥ, j]

2.1.2   Les voyelles

Les voyelles sont des phonèmes prononcés sans obstacle. Les cordes vocales vibrent, et le son sort sans obstacle de la bouche. C'est la position de la langue, celle des lèvres et l'utilisation éventuelle des fosses nasales qui déterminent les formants (les sommets de vibration) des voyelles et assure la différence entre elles.
On dessine un trapèze pour montrer à quel endroit la pointe de la langue ou son dos s'approche le plus du haut de la cavité buccale.
Toutes les voyelles situées au-dessus de la ligne verte sont prononcées avec une *projection des lèvres en avant*. On les nomme *arrondies*. Cette avancée a pour résultat de rendre plus

grave le formant n°2 du phonème, ce qui aide à distinguer les voyelles arrondies de celles qui ne le sont pas.

Lorsque l'air passe par les fosses nasales en plus de la cavité buccale, un formant nasal se forme, qui donne à la voyelle son caractère de *nasale*. L'air sort alors par la bouche et par le nez en même temps.

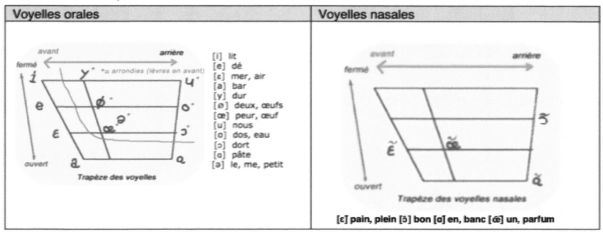

Les consonnes

Ce sont des phonèmes qui sont prononcés avec un obstacle.

- Lorsque l'obstacle est *total*, l'air s'accumule derrière lui. Lorsque la pression est assez forte, l'obstacle cède et l'air sort en produisant une modeste explosion. On appelle ces consonnes des *occlusives*. Les occlusives *sourdes* [p, t, k] se composent seulement du bruit de l'explosion. Les *sonores* [b, d, g] s'accompagnent d'une vibration des cordes vocales. Quant aux nasales [m, n, ɲ], elles s'accompagnent d'une vibration nasale due à sa déformation au passage de l'air par les fosses nasales.
- Lorsque l'obstacle est *partiel*, l'air passe par un passage étroit, créant un bruit de frottement caractéristique de l'endroit où se situe l'obstacle. On appelle ces consonnes des *constrictives*. Les sourdes [f, s, ʃ] sont constituées uniquement par le bruit du frottement de l'air au passage de l'obstacle. Les sonores [v, z, ʒ, ʁ, l] s'accompagnent d'une vibration des cordes vocales.
- Un phonème, [l], est appelé *latérale*. D'abord, la pointe de la langue se place contre les alvéoles (juste derrière les dents du haut, mais sans les toucher). L'air sort alors des deux côtés de la langue (d'où la qualification de *latérale*), avec une vibration des cordes vocales. Au bout d'un moment, la pointe de la langue se détache des alvéoles. On entend le film de salive se déchirer. Le [l] n'est pas une occlusive puisque l'air sort tout le temps. La latérale est sonore et en français unique en son genre.
- Enfin, dans certaines régions (Sud-Ouest, Bourgogne), le /r/ se prononce en faisant vibrer la pointe de la langue [r], ou en faisant vibrer la luette [R], l'organe qui pend à l'arrière du palais mou. On appelle ce phonème une *vibrante*. Mais en général, on a en français plutôt affaire à un [ʁ] sans vibration, qui est une constrictive sonore dont l'obstacle, un passage étroit, est situé entre la luette et l'arrière de la langue.

Pour nommer les consonnes, on précise :
- Leur mode d'articulation(*occlusive*, *constrictive*, *latérale* ou *vibrante*),
- Le lieu d'articulation, le lieu où se situe l'obstacle (*bilabiale*=deux lèvres), *labiodentale* (la lèvre du bas et les dents du haut), *apico-alvéolaire* (pointe de la langue contre les alvéoles), *palatale* (dos de la langue contre le palais dur), *vélaire* (dos de la langue contre le palais mou), et enfin *uvulaire* lorsque c'est la luette(=uvula) qui vibre.
- La présence (*sonore*) ou l'absence de vibrations des cordes vocales (*sourde*).
- La présence (*nasale*) ou l'absence (*orale*) de vibrations nasales.

2.1.3 L'API

Pour noter les phonèmes que l'on entend exactement comme ils ont été prononcés, on peut se servir du système de l'API, l'Alphabet Phonétique International.

Voici les sons de base avec des exemples dont l'orthographe varie beaucoup :

son	catégorie	exemples
[p]	consonne	Pied, képi, cape
[t]		Toi, bâti, chatte
[k]		Café, recueilli, toc, képi, qui
[b]		Beau, cabot, cube
[d]		Dans, coudé, soude
[g]		Gare, godet, gui, dogue, fatigant (adjectif), fatiguant (verbe)
[m]		Ma, mémé, dame
[n]		Ne, canot, canne, bonne
[ɲ]		Gnon, champignon, cogne
[f]		Feu, café, ouf, phare
[s]		Se, pousse, rosse, (un) os, ce, poncif, douce, désuet
[ʃ]		Chat, caché, couche, schuss
[v]		Vue, ravi, sauve
[z]		Zoo, zazou, rose, casée
[ʒ]		Je, gel, cage, songer
[ʁ]		Rat, carré, cour
[l]		La, coulé, cal
[j]	Semi-consonne	Bouilli, bail, bâille, yeux
[w]		Oui, doigt, poids
[ɥ]		Lui, huile Suède, Suisse, essuyer
[i]	voyelle	Île, lit, poli
[e]		Éléphant, dé, coulai (passé simple : je…), sauter
[ɛ]		Être, mère, pierre, pelle, mais, jamais
[a]		A, âne, papa
[y]		Hue, soudure, du, dû (participe passé de « devoir »)
[ø]		Heu, deux, milieu
[ə]		Je, le, cela (dans « douce », il est muet)
[œ]		Heure, peur, sœur
[u]		Houle, nous, pourri
[o]		Oh, aux, eau, râteau, presto
[ɔ]		Ortie, porter, poste
[ɑ]		Grâce, éducation (snob ou régional)
[ɛ̃]		Pin, pain, plaint, plein
[ɔ̃]		Pont, pompier, bonbon
[œ̃]		Un, parfum (au nord de la Loire, remplacé par [ɛ̃]
[ɑ̃]		Banc, paon, en, tente portant, remblais, rambarde

⚠ Attention : selon les régions, la prononciation peut différer.
En particulier, les gens du Sud de la Loire utilisent encore la **nasale** [œ̃], alors que ceux du Nord de la Loire la remplacent par [ɛ̃]. Ainsi, *brun* et *brin* sont prononcés de façon identique par les Français du Nord de la Loire.

Les voyelles mi- ouvertes mi- fermées :

Au Sud de la Loire, on applique rigoureusement la règle :
　　Dans une syllabe fermée, on emploie la variante ouverte :
　　　　Sot sotte ➜　Nord comme Sud : [so] / [sɔt]
　　Mais aussi : nous sautons / elle saute Sud : [sotɔ̃ / sɔt] Nord : [sotɔ̃ / sot]

2.2   Les syllabes

2.2.1   Le principe des syllabes

Si l'on prononçait la phrase dans un continuum absolu, cela donnerait ceci :

[detomatpusdɑ̃ləvjøʒaʁdɛ̃]

Dans ce cas, on pourrait reconnaître les phonèmes, mais on ne comprendrait rien au message. C'est pour cela que les phonèmes sont prononcés par paquets, que l'on appelle des syllabes. [de-to-mat-pus-dɑ̃-lə-vjø-ʒaʁ-dɛ̃], mais prononcés sans aucune pause entre eux.

La syllabe se construit autour d'une voyelle. Pour le français, on peut dire qu'il y a autant de syllabes que de voyelles prononcées.

Une syllabe se décompose en trois parties : *L'attaque, le noyau, la coda*.

Par exemple, dans [pus] {poussent} : l'attaque est l'occlusive bilabiale sourde [p], le noyau la voyelle [u], et la coda la constrictive sourde [s].

Dans une syllabe, on passe d'un son à l'autre en continu. En revanche, quand on quitte une syllabe pour en prononcer une autre, on stoppe brièvement l'articulation pour la reprendre dès le début de la suivante. Ce passage de l'une à l'autre est très bref, et il n'est pas question d'y placer une pause.

Cela permet de se rapprocher de l'unité de première articulation, les monèmes :

   [de] ➔ des

   [to-mat] ➔tomates

   [pus] ➔ poussent

   [dɑ̃] ➔ dans

   [lə] ➔ le

   [vjø] ➔ vieux

   [ʒaʁ-dɛ̃] ➔ jardin

Enfin, si l'on ajoute la mélodie, les accents toniques et la durée, on arrive à passer à la signification de la phrase :

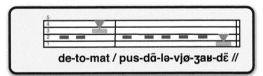

de-to-mat / pus-dɑ̃-lə-vjø-ʒaʁ-dɛ̃ //

✦ *Des tomates poussent dans le vieux jardin.*

Ainsi, on arrivera à reconnaître les fonctions à partir des deux mots phoniques. Nous nous y intéresserons plus tard dans le détail

2.2.2   Les différents types de syllabes :

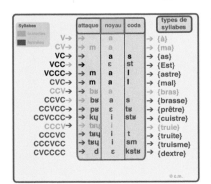

Les syllabes contiennent en français au minimum une voyelle V.

Les syllabes qui se terminent par une voyelle (V, CV, CCV, CCCV) sont dites « *syllabes ouvertes* » (en rouge sur le graphique). Elles n'ont donc pas de coda.

Celles qui se terminent par une consonne (VC, VCC, VCCC, CVC, CVCC, CVCCC, CCVC, CCVCC, CCCVCCC, CVCCCC sont dites « *syllabes fermées* ». Elles ont donc une coda.

2.2.2.1 Syllabes du type V

phonème	exemples	remarques	phonème	exemples	remarques
[i]	y		[u]	Houx, ou, où	
[e]	et		[o]	eau, os, oh	
[ɛ]	haie		[ɔ]	dans syllabe fermée	
[a]	à, a		[ɑ]	x	Dans certaines finales
[y]	Hue , eu		[ɛ̃]	Ain, hein	
[ø]	Œufs, heu, euh		[ɔ̃]	On	
[œ]	x	dans syllabe fermée	[ɑ̃]	En, an	
[ə]	x		[œ̃]	Un, uns	(Au nord de la Loire : [ɛ̃])

2.2.2.2 Syllabes du type CV

C		CV
p	pou	[pu]
t	tout	[tu]
k	cou	[ku]
b	bout	[bu]
d	doux	[du]
g	goût	[gu]
m	mou	[mu]
n	nous	[nu]
ɲ	gnon	[ɲɔ̃]
f	fou	[fu]
s	sou	[su]
ʃ	chat	[ʃu]
v	vous	[vu]
z	zoo	[zo]
ʒ	joue	[ʒu]
ʁ	roue	[ʁu]
l	loue	[lu]
w	oui	[wi]
ɥ	Hui(t)	[ɥit]
j	Yo(yo)	[jo]

2.2.2.3 Syllabes du type VC

C		VC
p	hop	[ɔp]
t	hâte	[at]
k	oc	[ɔk]
b	hub	[œb]
d	ides	[id]
g	Hague	[ag]
m	homme	[ɔm]
n	âne	[an]
ɲ	agne	[aɲ]
f	if	[ifu]
s	as	[as]
ʃ	hoche	[ɔʃ]
v	Ève	[ɛv]
z	ose	[oz]
ʒ	âge	[aʒ]
ʁ	ère	[ɛʁ]
l	elle	[ɛlu
w	+	+
ɥ	+	+
j	ail	[aj]

2.2.2.4 Syllabes du type VCC

	p	t	k	b	d	g	m	n	ɲ	f	s	ʃ	v	z	ʒ	ʁ	l
p		pt														pʁ	
t																tʁ	
k		kt									ks					kʁ	
b																bʁ	bl
d																dʁ	
g					gd											gʁ	gl
m																	
n																	
ɲ																	
f																fʁ	
s	sp	st	sk														
ʃ																	
v																vʁ	
z																	
ʒ																	
ʁ	ʁp	ʁt	ʁk	ʁb	ʁd	ʁg	ʁm	ʁn	ʁɲ		ʁs	ʁʃ	ʁv		ʁʒ		ʁl
l	lp	lt		lb	ld	lg	lm			lf							

Le découpage de la coda

Nous allons voir comment se découpent les codas de ces syllabes lorsqu'elles sont suivies, dans le même mot phonique, d'une syllabe commençant par une voyelle ou un h muet (h qui permet la liaison : l'hôtel [lo-tɛl])

Lorsque la deuxième consonne est [ʁ] ou [l] (sauf dans le couple [ʁl]), le couple reste en bloc et constitue l'attaque de la syllabe suivante.

Découpage de la coda devant voyelle et h muet	Séparés	
En bloc	[pt] [ap-to-sɛʁ-vis] Apte au service	[ʁb] [kuʁ-bu-dʁwa] courbe ou droit
	[kt] [pak-tɑ̃] Pacte anglais	[ʁk] [paʁ-ka-ɥitʁ] parc à huîtres
[pʁ] [a- pʁo-gɛ̃] Apre au gain	[ks] [ak-sɛ] axe important	[lb] [gal-bɔ̃-dy-le] galbe ondulé
[tʁ] [ka-tʁɑ̃] quatre ans	[ʁl] [aʁ-lɑ̃-pʁo-vɑ̃s] Arles en Provence	[ʁd] [kil-mɔʁ-de-a-bwa] qu'il morde et aboie
[kʁ] [ɔ-kʁe] ocre et rouge	[sp] [kʁis-pe-e-nɛʁ-v] crispe et énerve	[ld] [hil-de-twa] Hilde et toi
[bʁ] [sa-bʁe] sabre et fusil	[ʁp] [kaʁ-pe-la-pɛ̃] carpe et lapin	[ʁg] [laʁsxs-ge-a-b -dɔn] largue et abandonne
[dʁ] [ku-dʁe] coudre et repasser	[lp] [Jal-pe-kot] Alpes et côte	[lg] [al-ga-bɑ̃-dɔ-ne] algues abandonnées
[gʁ] [ɛ-gʁe-du] aigre et doux	[kt] [ak-tɑ̃-ko-lɛʁ] acte en colère	[ʁm] [aʁ-me-ba-gaʒ] arme et bagage
[fʁ] [su-fʁe-plœʁ] souffre et pleure	[st] [pɔs-te-te-le-fɔn] poste et téléphone	[lm] [kal-me-vo-lyp-te] calme et volupté
[vʁ] [po- vʁ]e-ma-lad] pauvre et malade	[ʁt] [kaʁ-ta-ʒu-we] carte à jouer	[ʁn] [tuʁ-ne-viʁ] tourne et vire
[bl] [tʁu-ble-sty-pœʁ] trouble et stupeur	[lt] [al-te-gaʁd-ʁi] halte et garderie	[ʁn] [lɔʁ-ɲe-e-kut] lorgne et écoute
[gl] [ɑ̃-glɛ-gy] angle aigu	[sk] [kas-ka-pwɛ̃t] casque à pointe	[lf] [ɛl-fe-fe] Elfe et fées
		[ks] [sɛk-se-so-lɛj] Sexe et soleil
		[ʁs] [uʁ-sɑ̃-plyʃ] Ours en peluche
		[ʁʃ] [maʁ-ʃu-kʁɛv] marche ou crève
		[ʁv] [e-nɛʁ-ve-las] énerve et lasse
		[ʁʒ] [maʁ-ʒa-goʃ] marge à gauche

2.2.2.5 Syllabes du type CVC

	p	t	k	b	d	g	m	n	ɲ	f	s	ʃ	v	z	ʒ	ʁ	l
p	pap	pat	pik	pyb	pod	pɔ̃g	pom	pɛn	pɛɲ	pif	pas	pɛʃ	pav	pɛz	paʒ	paʁ	pal
t	tap	tat	tik	tyb	tɛd	tgɔ̃	tɛm	tɛɲ	tɛɲ	tuf	tas	taʃ	tv	tɛz	taʒ	taʁ	tɛl
k	kap	kit	kɔk	kyb	kɔd	kag	kɔm	kɔn	kɔɲ	kik	kas	kaʃ	kv	kaz	kaʒ	kaʁ	kɛl
b	bip	bat	bak	bɔb	bud	bag	bom	bn	bɛɲ	bif	bas	baʃ	bv	biz	bɛʒ	baʁ	bɛl
d	dop	dat	dok	dob	x	dig	dɔm	dn	diɲ	daf	dis	dʃ	dv	doz	doʒ	daʁ	dal
g	gap	gat	gik	gɔb	gid	gag	gɔm	gn	gaɲ	gaf	gɔs	gaʃ	gv	gaz	gaʒ	gaʁ	gal
m	x	mat	mɔk	mɔb	mɔd	mg	mɔm	man	maɲ	x	mas	maʃ	mv	miz	maʒ	maʁ	mal
n	nap	nat	nik	nɛ̃b	nd	ng	nɔm	nɔn	x	nœf	nɛs	niʃ	nv	naz	naʒ	x	nil
ɲ	ɲap	x	ɲak	x	x	x	x	ɲɔn	ɲak	x	x	x	x	x	x	x	ɲol
f	fip	fɛt	fok	fɔb	fad	fig	fam	fin	x	x	fas	faʃ	fɛv	faz	fiʒ	faʁ	fɔl
s	sap	sɛt	sak	syb	syd	sɔ̃g	sim	sɔn	sɛɲ	sof	sas	sɛ ʃ	sɛv	syz	saʒ	huʁ	sil
ʃ	ʃap	ʃat	ʃak	x	ʃod	x	ʃom	ʃin	x	ʃɛf	ʃas	ʃɛ ʃ	ʃov	ʃɛz	x	ʃaʁ	ʃal
v	vap	vit	vak	vb	vd	vog	vim	van	viɲ	vif	vis	vaʃ	viv	vaz	voʒ	vɛʁ	val
z	zap	zyt	zak	zɔb	zd	zig	zm	zon	x	zɛf	x	x	x	x	ziʒ	x	x
ʒ	ʒap	ʒat	ʒak	ʒɔb	ʒd	ʒig	ʒɛm	ʒɔn	ʒɛɲ	ʒaf	ʒas	x	ʒv	ʒaz	ʒɔʒ	ʒaʁ	ʒɛll
ʁ	ʁap	ʁat	ʁɔk	ʁɔb	ʁd	ʁig	ʁam	ʁɛn	ʁɛɲ	ʁif	ʁas	ʁɔʃ	ʁav	ʁaz	ʁaʒ	ʁaʁ	ʁal
l	lap	lyt	lak	lob	ld	lɑ̃g	lam	lyn	liɲ	lf	lis	laʃ	luv	lɛz	lyʒ	liʁ	lɛl
w	x	wat	wɔk	wb	wd	x	x	x	x	x	x	x	x	x	x	x	x
ɥ	x	ɥit	x	ɥb	ɥd	x	x	x	x	x	x	x	x	x	x	x	ɥil
j	jɔl	x	jak	jb	jɔd	x	x	x	x	x	x	x	x	x	x	x	jɔl

2.2.2.6 Syllabes du type CCV

	p	t	k	b	d	g	m	n	ɲ	f	s	ʃ	v	z	ʒ	ʁ	l	w	ɥ	j
p	x	x	x	x	x	x	x	x	x	x	psi	x	x	x	x	pʁi	pli	pwa	pɥi	pje
t	x	x	x	x	x	x	x	x	x	x	tse	x	x	tzi	x	tʁi		twa	tɥi	tje
k	x	x	x	x	x	x	akt	x	x	x	x	x	x	x	x	kʁi	kle	kwa	kɥi	
b	x	x	x	x	x	x	x	x	x	x	x	x	x	x	x	bʁa	ble	bwa	bɥi	bjɛ̃
d	x	x	x	x	x	x	x	x	x	x	x	x	x	x	x	dʁa	dla	dwa	dɥo	djø
g	x	x	x	x	x	x	x	gnu	x	x	x	x	x	x	x	gʁa	gly	gwano		gje
m	x	x	x	x	x	x	x	x	x	x	x	x	x	x	x	x	x	mwa	mɥi	mjõ
n	x	ntə	x	x	x	x	x	x	x	x	x	x	x	x	x	x	nla	nwe	nɥi	njɛ
ɲ	x	x	x	x	x	x	x	x	x	x	x	x	x	x	x	x	x	x	x	x
f	x	fta	x	x	x	x	x	x	x	x	x	x	x	x	x	fʁɛ	flɑ̃	fwa	fɥi	fjø
s	spa	sti	ski	sbe	sda	sgo	smo	snø	x	sfø	x	sʃu	svo	x	sʒø	sʁa	slo	swɛ	sɥe	sje
ʃ	x	ʃti	x	x	x	x	x	x	x	x	x	x	ʃvø	x	x	x	x	ʃwa	ʃɥi	ʃje
v	x	x	x	x	x	x	x	x	x	x	x	x	x	x	x	vʁɛ	vlɑ̃	vwa		vjø
z	x	x	x	x	x	x	x	x	x	x	x	x	x	x	x	x		x	zɥi(le)	zjø
ʒ	ʒpø	ʒtə	x	x	x	x	x	x	x	x	x	x	x	x	x	x	ʒle	ʒwa	ʒɥi(le)	ʒje
ʁ	x	x	x	x	x	x	x	x	x	x	x	x	x	x	x	ʒʁa	ʁwa	ʁɥine	ʁjo	
l	x	x	x	x	x	x	x	x	x	x	x	x	x	x	x	x	x	lwa	lɥi	ljø

2.2.2.7 Autres types de syllabes (exemples)

Catégorie CCCV
[bʁɥi, tʁɥi]

Catégorie CCVC
[psom, pʁiz, plis, pwal, plas, pwaʁ, pɥiz, pjɛʁ]

Catégorie CCCVC
[tʁɥʒl, kʁɥʒl, bʁɥit]

Catégorie CVCC
Pour la coupure de la syllabe se trouvant devant une voyelle ou un h muet, on appliquera la règle donnée pour VCC (syllabes commençant par [ʁ] ou [l] sauf [ʁl] et autres)

[kopt , kapʁ, katʁ, pakt, faks, sakʁ, tɛ̃bʁ, fudʁ, mɛgʁ, ʁegl, kɔfʁ, sfɛʁ, livʁ, kaʁp, lutʁ, paʁk, laʁd, vɛʁg, laʁm, bɔʁɲ, buʁs, maʁʃ, tuʁv, buʁʒ, paʁl, pulp, malt, miks, laʁv, bɛʁʒ, paʁl , ʁabl, sibl]

Catégorie CCVCC
Pour la coupure de la syllabe se trouvant devant une voyelle ou un h muet, on appliquera la règle donnée pour VCC (syllabes commençant par [ʁ] ou [l] sauf [ʁl] et autres)

[kopt , kapʁ, katʁ, pakt, faks, sakʁ, tɛ̃bʁ, fudʁ, mɛgʁ, ʁegl, kɔfʁ, sfɛʁ, livʁ, kaʁp, lutʁ, paʁk, laʁd, vɛʁg, laʁm, bɔʁɲ, buʁs, maʁʃ, tuʁv, buʁʒ, paʁl, pulp, malt, miks, pʁism]

Catégorie CCCVCC

Pour la coupure de la syllabe se trouvant devant une voyelle ou un h muet, on appliquera la règle donnée pour VCC (syllabes commençant par [ʁ] ou [l] sauf [ʁl] et autres)

[tʁɥism]

Catégorie VCCC
[astre, arbre] On garde la première consonne dans sa coda, et on transfère les deux autres consonnes dans l'attaque de la syllabe suivante :
Un astre éclatant : [œ̃-nas-tʁe-kla-tɑ̃]
Un arbre énorme : [œ̃-naʁ-bʁe-nɔʁm]

 Attention : de nombreuses personnes ont tendance à ne pas prononcer le [ʁ] après une consonne, pour gagner du temps ou pour moins se fatiguer.
Il est rentré dans un arbre [i-lɛ-ʁɑ̃-tʁe-dɑ̃-zœ̃-naʁb].
Mais il est conseillé de le prononcer : [i-lɛ-ʁɑ̃-tʁe-dɑ̃-zœ̃-naʁbʁ]

Catégorie CVCCC
La règle de séparation est la même que dans le cas VCCC.
[mi-nistʁ], [si-nistʁ], [kastʁ] , [ɑ̃-kastʁ]
[kastʁ] Castres et Toulouse [kas-tʁe-tu-luz]

Catégorie CCVCCC
La règle de séparation est la même que dans le cas VCCC.
[kɥistʁ], [spɛktʁ]
[kɥistʁ], un cuistre et sa femme [œ̃-kɥis-tʁe-sa-fam]
[spɛktʁ]un spectre inquiétant [œ̃-spɛk-tʁɛ̃-kje-tɑ̃]

Catégorie CVCCCC
Les deux dernières consonnes sont transférées dans l'attaque de la syllabe suivante. Les deux autres consonnes restent dans la coda de leur syllabe.
[dɛkstr] la dextre est la droite. [la-dɛks-tʁe-la-dʁwat]

2.2.3 Le découpage en syllabes

Prenons un premier exemple pour étudier le découpage.
✦ *La petite fille joue avec une balle de tennis.*
➜ [la-pə-tit-fij / ʒu-a-vɛ-kyn-bal-də-tɛ-nis //]
Constatons que lorsqu'un monème ne contient qu'une seule syllabe ouverte, il ne peut pas être découpé : [la + ʒu + a + də //].
En revanche, lorsque la syllabe est fermée, on a tendance, lorsque la combinaison de consonnes est prononçable, à rattacher la consonne finale à la syllabe suivante.
Dans [a-vɛ-kyn] la consonne [k] passe de l'autre côté de la frontière entre les deux syllabes, de la coda de la première à l'attaque de la seconde.
[a-vek-yn] ➜ [a-vɛ-kyn]
Dans [tit-fij] , t+f serait imprononçable pour une bouche française, de même avec [kyn-bal], n+b. Dans ces cas, on laisse la consonne finale de la première des deux syllabes à sa place, dans la coda cette syllabe.

2.2.4 Principe de translation des consonnes

Lorsqu'une syllabe contient une coda, et que la syllabe suivante n'a pas d'attaque et commence donc par une voyelle, un certain nombre des consonnes de cette coda, en commençant par la dernière), se déplace, franchit la frontière entre les deux syllabes et constitue la nouvelle attaque de cette deuxième syllabe. (➜ = devient)

> ✦ *La petite fille joue avec une balle de tennis.*

[a-vɛk-yn-bal] ➜ [a-vɛ-kyn-bal]

> ✦ *Elle avait quatre enfants.*

[ɛ-la-vɛ-katʁ-ɑ̃-fɑ̃] ➜ [ɛ-la-vɛ-ka-tʁɑ̃-fɑ̃]

Le français répartit les consonnes de façon à rendre la prononciation des mots phoniques plus fluides. N'oublions pas que l'on n'a droit, à l'intérieur d'un mot phonique, à aucune pause, même pas pour respirer. Pour cela, on se sert de plusieurs méthodes selon les cas.

🌀 *Attention*, on ne rend les choses plus simples qu'à condition que la solution reste compréhensible.

2.2.4.1 L'élision grammaticale du [ə] ou du [a]

2.2.4.1.1 A l'oral :

Comme le continuum des syllabes n'offre pas de temps pour effectuer une pause, sauf entre deux mots phoniques (ici entre [fij] et [ʒu], le sujet qui se situe ici à la fin du groupe du sujet, et le verbe, qui se situe ici au début du groupe du verbe, il n'y a qu'une solution pour arriver à dire le mot phonique sans problème de respiration : c'est de le diviser racourcir.

Cela est le plus souvent réalisé par l'élision (on pourrait dire aussi « élimination ») du plus grand nombre possible de [ə]. Cette élision résout le problème du hiatus entre voyelles : *je aime* ➜ *j'aime*

Notons que l'article défini *la* subit l'élision du [a] devant voyelle ou h muet :

> *La petite amie = l'amie*

Dans ce cas, on ne peut plus faire à l'oral la différence entre le masculin l'ami [lami] et le féminin l'amie [lami] .

Pourtant, si votre fille vous parle de l'ami(e) qu'elle a, vous demanderez : *ton ami « i » ou ton ami « e »* pour lever l'ambiguïté.

2.2.4.1.2 La langue écrite nous propose l'utilisation de l'apostrophe

Problème	Exemple écrit	Exemple parlé (API)	Remarque
Je ➜ j'	j'aime	[ʒɛm],	
Te ➜ t'	il t'aime	[il-tɛm]	
Me ➜ m'	tu m'aimes	[ty-mɛm]	
Ce ➜c'	C'est	[sɛ]	
Se ➜ s'	Elle s'amuse	[ɛl-sa-myz]	
De ➜ d'	D'ici	[di-si]	
Le ➜ l'	L'ami	[la-mi]	
Et même : la ➜l'	L'amie	[la-mi]	Pour éviter le hiatus
Du ➜ de l'	De l'art	[de-laʁ]	
Au ➜ à l'	A l'ami	[de-la-mi]	

Cette élision revient, à l'oral, à fondre la consonne privée de [ə] avec la voyelle qui introduit le mot suivant .

Pour éviter le hiatus entre voyelles, ce que la langue française déteste, il arrive que l'on ajoute un t : ce ➜ cet homme . [sɛ-tɔm]

> -t- ➜ Lisa va-t-elle bien ? [li-za-va-tɛl-bjɛ]

Cette solution ne raccourcit pas le mot phonique, mais ne l'allonge guère.

On transforme quelquefois un adjectif masculin devant voyelle ou h muet.

> vieux ➔ vieil : *un vieil homme* [œ̃-vjɛ-jɔm]
>
> nouveau ➔ nouvel: *le nouvel an* [lə-nu-vɛ-lɑ̃]
>
> beau ➔ bel : *le bel âge* [lə-bɛ-laʒ]

Un phénomène semblable transforme *ma, ta, sa* devant voyelle ou h muet en *mon, ton, son.*

> **Ma amie* ➔ *mon amie* [mɔ̃-na-mi]
>
> Mais *ma chère amie.* [ma-ʃɛ-ʁa-mi]

2.2.4.2 On peut être amené à élider soi-même des [ə] dans certains cas

Pour gagner du temps, on peut élider des [ə] :

☞ A l'intérieur du mot phonique :

- un bon petit gars. [œ̃-bɔ̃-pə-ti-ga] ➔ [œ̃-bɔ̃-pti-ga]
- une petite auto. [yn-pə-ti-to-to] ➔ [yn-pti-toto]
- le tas de feuilles [lə-ta-də-fœj] ➔ [lə-tad-fœj]
- Mais puisque je te le dis. [mɛ-puis-kə-ʒə-tə-lə-di] ➔ [mɛ-puis-kə-ʒtœl-di]

☞ Ceux qui sont situés à la fin d'un monème, à condition que la consonne qui se retrouve à la fin soit rouverte à la fin. Par exemple, dans le mot *pomme* [pɔm] . La bouche se rouvre à la fin après l'explosion de la consonne occlusive. Dans certaines langues comme l'allemand, le locuteur garde les lèvres fermées[ˈ] : *Baum* [baᵘmˈ] . Cela s'entend, d'autant plus qu'en français, la réouverture avant la fin du phonème est obligatoire.

Lorsque l'on élide un [ə], les consonnes situées avant et après se retrouvent mises en contact. Cela ne sera possible que si la combinaison des deux est prononçable :

> ✦ *Je te le donne.*
>
> [ʒə-tə-lə-dɔn]

Nous avons ici quatre [ə] : un [ə] à la fin du mot phonique, qui est déjà élidé selon le principe expliqué ci-dessus. [dɔ-nə] ➔ [dɔn]

Ensuite, nous en avons trois qui sont sommets de trois syllabes ouvertes, se terminant chacune par un [ə] .

Nous pouvons essayer d'en élider un à la fois :

> [ʒtə-lə-dɔn] (a)
>
> [ʒœt-lə-dɔn] (b)
>
> [ʒə-tlə-dɔn] (c)

Dans les trois cas, on passe de 4 syllabes à trois. Les trois solutions sont prononçables. Remarquons que **dans la solution (a)**, nous avons dans l'attaque une combinaison de deux consonnes [ʒt]. Cette combinaison, constituée d'une constrictive [ʒ] et d'une occlusive [t] est tout-à-fait prononçable. Elle peut même être assourdie en [ʃt].

Dans la solution (c), nous avons aussi dans l'attaque un couple de consonnes : [tlə], composé d'une occlusive [t], et d'une latérale, [l]. Le [l], de même que le [ʁ], fait partie de la catégorie des liquides. Ce terme fait référence au fait que ces phonèmes se laissent facilement combiner avec d'autres consonnes. On les trouve en deuxième position dans de très nombreuses combinaisons :

> [pl, kl, bl, gl, fl, sl, ʃl, vl, ʒl]
>
> [pʁ, tʁ, kʁ, bʁ, dʁ, gʁ, fʁ, ʃʁ, vʁ] .

Quant à la solution (b) elle a l'avantage de ne pas générer de couple de consonnes. En revanche, la voyelle [ə] a été remplacée par [œ]. Ceci a une raison :

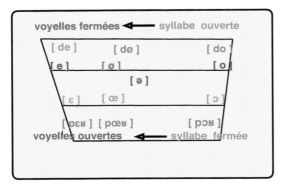

Les voyelles *mi-fermées* [e] [ø] [o] et [ə] se retrouvent dans les syllabes ouvertes (celles qui se terminent par une voyelle).

En revanche, les voyelles *mi-ouvertes* [ɛ] [œ] [ɔ] se retrouvent dans les syllabes fermées (celles qui se terminent par une consonne).

Ainsi lorsque l'on ferme une syllabe ouverte

[e] → [ɛ] : *mes* [me] → *mer* [mɛʁ]

[ø] → [œ] : *bœufs* [bø] → *beurre* [bœʁ]

[o] → [ɔ] : *mot* [mo] → *mort* [mɔʁ]

[ə] → [œ] : *je te le dis* [ʒə-tə-lə-di] →[ʒə-tə-lə-di]

C'est ce qui se passe lorsque, dans le cas (b), la syllabe [ʒə] est fermée parce que, en élidant le [ə], on force le [t] à venir fermer la syllabe [ʒœt]. Ainsi, la voyelle mi fermée de [ʒə] *devient la voyelle mi-ouverte* [œ] → [ʒœt].

Ceci est vrai, et pour les mêmes raisons, dans l'exemple (c) qui suit :

✦ *Mais puisque je te le dis.* [mɛ-puis-kə-ʒə-tə-lə-di] → [mɛ-puis-kə- ʒə-tə-lə-di]

Cette règle est employée sans exception au Sud de la Loire.

Au Nord de la Loire, on trouve des [o] dans certaines syllabes fermées, : *il saute* [il-sot], *une rose* [yn-ʁoz]. Au Sud de la Loire, on prononce : [il-sɔt] [yn-ʁɔz]

Mais on dira partout *{le port}* [lə-pɔʁ]. Voyelle mi-ouverte dans syllabe fermée (par la consonne [ʁ].

On peut aussi essayer d'élider deux [ə] :

[ʒə-tə-lə-dɔn] → [ʒtlə-dɔn] (d)

[ʒə-tə-lə-dɔn] → [ʒtœl-dɔn] (e)

Les deux solutions sont prononçables à condition d'avoir un peu d'entraînement et permettent de faire passer le mot phonique à deux syllabes seulement.

On notera dans l'exemple (e) la transformation du [ə] en [œ] qui apparaît dans la syllabe que l'on ferme avec le [l] , comme dans l'exemple (b), et pour les mêmes raisons.

C'est d'ailleurs cette solution que nous préférerons. En effet, la solution (d) nous obligeait à prononcer trois consonnes d'affilée, ce qui est quasiment le maximum que l'on puisse faire.

Il faudra donc enseigner aux élèves la manipulation des consonnes, l'art de les faire passer d'une syllabe à l'autre, selon les besoins, en élidant les [ə] de la façon la plus judicieuse possible.

Pour clore le sujet, réfléchissons sur ces deux vers de Marc Monnier, souvent faussement attribués à Victor Hugo :

✦ *Gal, amant de la Reine, alla, tour magnanime,*
Galamment de l'Arène à la Tour Magne, à Nîmes.

Ces deux vers sont deux holorimes qui contiennent les mêmes phonèmes, dans le même ordre, et qui donc riment du début à la fin :

[gal/a-mɑ̃-də-la-ʁɛn/a-la/tuʁ-ma-ɲa-nim/
ga-la-mɑ̃/də-la-ʁɛn/a-la-tuʁ-maɲ/a-nim//]

Pour en comprendre le contenu, il faut se servir de la distribution des phonèmes en syllabes, ainsi que de ce que nous appellerons pour l'écrit la ponctuation, et qui correspond, à l'oral, à une organisation en mots phoniques.

Ainsi : [gal/a-mɑ̃-də-la-ʁɛn] ne peut pas être compris comme [ga-la-mɑ̃/də-la-ʁɛn]

Ces ressemblances entre phonèmes servent aux amateurs de micro caché ou de caméra invisible pour semer le désordre dans les populations sans défenses, qui deviennent les victimes dont les auditeurs ou les téléspectateurs vont se moquer.

> Dans une émission à micro caché des frères Rouland et de Jacques Legras, un homme demande à la vendeuse, dans une droguerie, si elle avait [œ̃-pe-ti-ta-mi]. La vendeuse se fâche car elle pense que cela ne regarde pas le client, qu'elle ait *un petit ami* ou non, jusqu'au moment où il parle de farine qu'il veut tamiser, et où tout le monde comprend enfin qu'il veut savoir si elle a *un petit tamis*, ce qui dès lors ne pose plus aucun problème.
>
> Dans une autre émission, Jacques Legras demande dans une épicerie, des [zi-twaʁ], ce que l'épicière décode, sans comprendre, par « des zitoires ». Elle lui demande alors d'expliquer ce qu'il entend par là. Il précise avec un accent espagnol prononcé, que ce sont [de-pe-tit-le-gum-puʁ-la-sup].
>
> L'épicier arrive au moment où le client explique qu'il a pris froid et qu'on lui a conseillé de prendre [yn-sup-o-zi-twaʁ], « une soupe aux zitoires ». Le client précise son opinion : [sa-dwa-tɛtʁ-de-pe-ti-te-le-gum-puʁ-la-sup] Mais comme il n'a jamais entendu parler de zitoires, l'épicier se gratte la tête, réfléchit puis, s'écrie, libéré : « Mais, avec son accent espagnol, il déforme tout ! » Et il se tourne vers le client « c'est un suppositoire qu'il vous faut » Et il lui montre d'un geste ample avec son index sur lui-même, à quel endroit se met le fameux suppositoire. Nous vous laissons le soin de deviner de quel endroit il s'agit. Et il le dirige vers une pharmacie.

Pour bien comprendre une langue comme le français, il faut bien connaître sa prononciation, avoir un vocabulaire suffisant, savoir décoder les syllabes et les mots phoniques, et avoir une certaine culture.

Dans tous les cas où il y a plusieurs façons de comprendre, il faut mobiliser toutes ses connaissances pour bien analyser la situation.

Par exemple dans: [kœj-lə-li-la], faut-il comprendre « *le lilas* » ou « *le lit-là* » ?

Comme on ne peut pas cueillir un lit, nous choisirons la solution du lilas.

Dans le cas suivant, c'est la grammaire qu'il faut mobiliser :

> Le commissaire dit à l'inspecteur en parlant du voleur qu'ils interrogent: [il-va-paʁ-le].

Veut-il dire : *il va parler* (1), **il va parlé* (2) ou *il va, parlez* (3).

Pour la solution (2), nous appliquons la méthode du remplacement d'un verbe en « er » par un verbe comme « mordre ». Notre grammaire intuitive nous suggère *il va mordre* (infinitif) plutôt que la solution « *mordu.* » Ceci correspond à la règle de la grammaire cognitive (aller + infinitif)

Dans ce dernier cas : [il-sɛ-ka-se-la-ʒɑ̃b], il y a au moins deux possibilités : *Il s'est cassé la jambe / il sait casser la jambe.*

La grammaire permet les deux solutions, mais nous garderons la première, la seconde paraissant sans intérêt. Que voudrait dire : « *Quelqu'un sait casser la jambe* » ? Et de quelle jambe s'agirait-il ?

Passons maintenant aux liaisons. Le problème est important, car il rend difficile la compréhension. Comment savoir quel est le nom dans :

[lwa-zo] ➜ [lwazo] {l'oiseau}.

[œ̃-nwa-zo] ➜ [nwa-zo] ➜ {un oiseau}.

[œ̃-gʁo-zwa-zo] ➜ [zwazo] ➜ {un gros oiseau} .

[œ̃-pə-ti-twa-zo] ➜ [twazo] ➜ {un petit oiseau} .

Chaque mot isolé a une consonne en trop. Il faudra à l'enfant du temps pour comprendre que le nom cherché est [wazo].

2.2.5 Les liaisons

On appelle liaison la consonne latente habituellement non prononcée que l'on réactive pour faire le lien entre sa syllabe et celle qui suit. Elle passe alors dans l'attaque de la suivante.

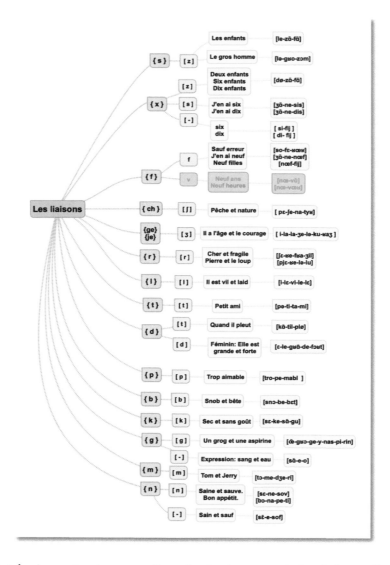

Les liaisons sont très importantes car elles ajoutent souvent des informations essentielles à la compréhension :

2.2.6 Les liaisons à valeur syntaxique

A certaines liaisons, on arrive à reconnaître le genre, le nombre et / ou la personne.

2.2.6.1 Singulier/pluriel

[z] représente le {s} ou le {x} du pluriel :

  L'image **[li-maʒ]** / *les images* **[le-zi-maʒ]**
  Il pense aux amis **[il-pɑ̃-so-za-mi]**

2.2.6.2 Masculin / féminin [-/t]

Devant consonne, le **[t]** représente le féminin, son absence le masculin.
Au pluriel devant voyelle, le **[t]** représente le féminin, son absence le masculin.

- *Petit* **[pə-ti]** / *petite* **[pə-tit]**

- *un petit ami* **[œ̃-pə-ti-ta-mi]** / *une petite amie* **[yn-pə-ti-ta-mi] [t]** se confond avec la liaison
- *de petits amis* **[də-pə-ti-za-mi]** / *de petites amies* / **[də-pə-tit-za-mi]**

2.2.6.3 Genre et nombre

[t/d]
- *grand* **[gʁɑ̃]** / *grande* **[gʁɑ̃d]**
- *un grand ami* **[œ̃-gʁɑ̃-ta-mi]** / *une grande amie* **[yn-gʁɑ̃-da-mi]**
- *de grands amis* **[də-gʁɑ̃-za-mi]** / *de grandes amies* **[də-gʁɑ̃d-za-mi]**

[s/z]

[s] féminin, **[z]** masculin
- *gros* **[gʁo]** / *grosse* **[gʁos]**
- *un gros ami* **[œ̃-gʁo-za-mi]** / *une grosse amie* **[yn-gʁo-sa-mi]**
- *de gros amis* **[də-gʁo-za-mi]** / *de grosses amies* **[də-gʁos-za-mi]**

2.2.6.4 Personne et nombre

Les conjugaisons du français, qui sont assez complexes, même pour les natifs, jouent aussi avec les liaisons :

✦ *Elle avait assez mangé.*

[ɛ-la-vɛ-ta-se-mɑ̃-ʒe]

On reconnait qu'il s'agit de « *elle* » troisième personne du singulier à deux signes :
- La liaison **[l]** qui montre qu'*elle* n'a pas de *s* pluriel.
- La liaison **[t]** qui montre qu'il s'agit d'une troisième personne.

✦ *Elles avaient assez mangé.*

[ɛl-za-vɛ-ta-se-mɑ̃-ʒe]

On reconnait qu'il s'agit de « *elles* » troisième personne du pluriel à deux signes :
- La liaison **[z]** qui montre que *elles* contient un *{s}* pluriel.
- La liaison **[t]** qui montre qu'il s'agit d'une troisième personne.

✦ *Vous avez assez mangé.*

[vu-za-vɛ-za-se-mɑ̃-ʒe]

On reconnait qu'il s'agit de « *vous* » deuxième personne du pluriel à trois détails :
- On entend distinctement **[vu]**.
- La première liaison **[z]** confirme la présence de **[vu]**.
- La seconde liaison **[z]** qui montre que le verbe se termine par **[z]**, soit *{z}* soit *{s}*. La première liaison démontre la présence de *{vous}*, la deuxième la confirme.

✦ *Tu avais assez mangé.*

[ty-a-vɛ-za-se-mɑ̃-ʒe]

On reconnait qu'il s'agit de « *tu* » deuxième personne du singulier à deux détails :
- On entend distinctement **[ty]**.
- La liaison **[z]** confirme la présence de **[ty** .

2.2.7 Les liaisons à glissando

Dans la conjugaison, il est primordial que l'on identifie le radical du verbe. Lorsque l'on doit remplacer un **[i]**, un **[y]** ou un **[u]** placé dans le radical par une semi-consonne devant une terminaison dont l'attaque commence par une voyelle pour éviter un hiatus, on est obligé de garder la voyelle du radical et de lui adjoindre une semi-consonne qui lui corresponde, ce qui permet un *glissando* de la voyelle du radical à celle de la terminaison. Étudiez le tableau suivant :

Forme	prononciation	radical	glissando	terminaison
Nous crions	[kʁi-jõ]	[kri]	[i ➔ ij]	[jõ]
Nous suons	[sy-ɥõ]	[sy]	[y ➔ yɥ]	[ɥõ]
Vous louons	[lu-wõ]	[lu]	[u ➔ uw]	[wõ]

Remarque : dans les cas [sy-ɥõ] et [lu-wõ], on peut renoncer au glissando. Les solutions [sɥõ] et [lwõ] , sont tout-à-fait prononçables.

Cependant, dans le cas n° 1, une forme *[kʁjõ] serait imprononçable à cause des trois consonnes *[kʁj] qui ne sont pas prononçables ensemble. L'emploi de la voyelle [i] permet de n'avoir que deux consonnes à la suite, et la semi-consonne [j] permet un glissando entre les deux voyelles, celle du radical [i] et celle de la terminaison [õ], empêchant le hiatus entre elles.

2.2.8   Les nombres

Lorsque l'on a affaire à des nombres, il est primordial qu'on les identifie sans problème. Voyons de près les cas suivants, et notons bien les nombres dont la prononciation dépend du cas.

2.2.8.1 Un / une

Ce nombre se confond souvent avec l'article indéfini *un / une*. Il a donc une forme masculine, *un*, et une forme féminine, *une*.

Devant une consonne ou un h aspiré, on aura :

 un [œ̃] : *un garçon* [œ̃-gaʁ-sõ] , *un hasard* [œ̃-a-zaʁ] ,

Devant une voyelle ou un h muet, on aura :

 un [œ̃] ou [œn] : *un enfant* [œ̃-nɑ̃-fɑ̃] ou [œ-nɑ̃-fɑ̃] ,*un homme* [œ̃-nɔm] ou [œ -nɔm].

Le un est devenu nasal vers le XVIe siècle au contact du *n*, avant de le perdre : [œ+n]➔ [œ̃].

Lorsque [œ̃] se retrouve accompagné du [n] , ce dernier fournit la nasalité et [œ̃] redevient oral : [œ-n...].

Mais on peut aussi garder la nasalité du [œ̃] : [œ̃-n...].

La forme féminine ne pose pas de problème particulier, et se prononce [yn] devant une consonne ou un h aspiré, et le [-n] se détache pour constituer l'attaque de la syllabe suivante devant voyelle ou h muet.

✦ *Une fille* [yn-fij]. *Une handicapée* [yn-ɑ̃-di-ka-pe].

✦ *Une étudiante* [y-ne-ty-djɑ̃t]. *Une héroïne* [y-ne-ʁo-in].

 Attention : *un, une* et *onze* derrière une syllabe fermée interdisent la liaison.
 acte un [ak-t(ə)-œ̃]   *page une* [paʒ-yn]   *page onze* [paʒ-õz]

2.2.8.2 Deux, trois (liaison devant voyelle ou h muet)

Nous avons deux formes :

 ► [dø] ou [tʁwa] devant consonne ou h aspiré.
 Deux filles [dø-fij] . *Deux handicapées* [dø-ɑ̃-di-ka-pe] . *Trois filles* [tʁwa-fij]. [tʁwa-ɑ̃-di-ka-pe] .

 ► [dø-z ...] ou [tʁwa-z] devant voyelle ou h muet. Deux étudiantes [dø-ze-ty-djɑ̃t]. Deux héroïnes [dø-ze-ʁo-in] Trois étudiantes [tʁwa-ze-ty-djɑ̃t]. Trois héroïnes [tʁwa-ze-ʁo-in] .

2.2.8.3 Quatre (liaison devant voyelle ou h muet)

Quatre permet aussi bien un emploi devant une consonne ou un {h} aspiré que devant une voyelle ou un h muet en faisant une liaison avec élision du [ə]

- ✦ *Quatre filles* [ka-tʁə-fij] . *Quatre handicapées* [ka-tʁə-ɑ̃-di-ka-pe] .
- ✦ *Quatre étudiantes* [ka-tʁə-ty-djɑ̃t] . *Quatre héroïnes* [ka-tʁe-ʁo-in] .

On entend quelquefois un pataquès, c'est-à-dire une fausse liaison, du genre :

- ✦ *Il est venu avec ses quatre amis.*
- * [i-lɛ-və-ny-a-vɛk-se-ka-trə-za-mi] (pataquès)

Forme correcte : [i-lɛ-və-ny-a-vɛk-se-ka-tra-mi]

Emporté par son élan, et pour bien souligner le grand nombre d'amis, le locuteur prononce une liaison impossible [z] devant [ami], alors que *quatre* ne contient pas le moindre {s}. Remarque : en revanche, la liaison entre quatre et yeux fait partie d'une expression correcte :

- ✦ *Elle le lui a dit entre quatre-z-yeux.* (C'est-à-dire loin des oreilles indiscrètes.)
[ɛl-lə-lɥi-a-di-ɑ̃tʁə-ka-tʁə-zjø]

Ou encore, de façon familière, avec élision du [ʁ] et du [ə] : [ɛl-lə-lɥi-a-di-ɑ̃tʁə-kat-zjø]

2.2.8.4 Cinq, sept, huit, dix-sept, dix-huit

Il y a deux cas :
Devant consonne ou h aspiré : on ne prononce pas la consonne finale.

- ✦ *Huit filles* [ɥi-fij]. *Huit handicapées* [ɥi-ɑ̃-di-ka-pe].

Devant voyelle ou h muet : on prononce la consonne finale.

- ✦ *Huit étudiantes* [ɥi-te-ty-djɑ̃t]. *Huit héroïnes* [ɥi-te-ʁo-in].

2.2.8.5 Neuf, dix-neuf (neuf étudiants), (dix) neuf ans)

Il y a trois cas :
Devant consonne ou h aspiré : on prononce la finale [f] dans la coda de sa syllabe.

- ✦ *Neuf fille s*[nœf-fij] . *Neuf handicapées* [nœf-ɑ̃-di-ka-pe] .

Devant voyelle ou h muet : on prononce la consonne finale [f] dans l'attaque de la syllabe suivante.

- ✦ *Neuf étudiantes* [nœ-fe-ty-djɑ̃t] . *Neuf héroïnes* [nœ-fe-ʁo-in] .

⚠ Attention ! Devant le nom « *an* » : on prononce la consonne finale {f} [v] .(et seulement devant ce mot).

- ✦ *Neuf ans* [nœ-vɑ̃]. mais : *Neuf années* [nœ-fa-ne].

2.2.8.6 Six, dix

Il y a trois cas :
Devant consonne ou h aspiré : on ne prononce pas la consonne finale {x} [s]

- ✦ *Six filles*[si-fij] . *Dix handicapées* [di-ɑ̃-di-ka-pe].

Devant voyelle ou h muet : on prononce la consonne finale {x} [s].

- ✦ *Six étudiantes* [si-ze-ty-djɑ̃t] . *Dix héroïnes* [nœ-fe-ʁo-in].

Employé seul : On prononce la consonne finale {x} [s].

Il y en avait six. [i-li-ɑ̃-na-vɛ-sis] On en a vu dix. [ɔ̃-nɑ̃-na-vy-dis]

2.2.8.7 Onze, douze, treize, quatorze, quinze, seize (quatre-vingt- +/ soixante-)

Il y a deux cas :

Devant consonne ou h aspiré : on prononce la consonne finale dans la coda de sa syllabe.

    ✦ *Onze filles*[ɔ̃z-fij] . *Soixante handicapées* [swa-sɑ̃t-ɑ̃-di-ka-pe].

Devant voyelle ou h muet : on prononce la consonne finale dans l'attaque de la syllabe suivante.

    ✦ *Onze étudiantes* [ɔ̃-ze-ty-djɑ̃t]. *Soixante héroïnes* [swa-sɑ̃-te-ʁo-in].

2.2.8.8 Vingt

Il y a trois cas :

▶ Devant consonne ou h aspiré : on ne prononce pas la consonne finale {t} [t] : {s} [s

    ✦ *Vingt filles* [vɛ̃-fij]. *vingt handicapées* [vɛ̃-ɑ̃-di-ka-pe] .

▶Devant voyelle ou h muet : on prononce la consonne finale dans l'attaque de la syllabe suivante.

    ✦ *Vingt étudiantes* [vɛ̃-te-ty-djɑ̃t]. *Vingt héroïnes* [vɛ̃-te-ʁo-in] .

▶ Lorsque le mot est employé devant des unités (1 à 9), on le prononce [vɛ̃t], sauf dans quatre-vingt (s), où il se prononce [vɛ̃].

    ✦ *Vingt et un jours.* [vɛ̃-te-œ̃-ʒuʁ]. *Vingt-trois mois.* [vɛ̃t-tʁwa-mwa].

mais :

    ✦ Quatre-*vingt-un jours.* [ka-tʁə-vɛ̃-œ̃-ʒuʁ]. *Quatre-vingt-trois mois* [ka-tʁə-vɛ̃-tʁwa-mwa].

2.2.8.9 Trente, quarante, cinquante, soixante

Il y a deux cas :

Devant consonne ou h aspiré : on prononce la consonne finale dans la coda de sa syllabe.

    ✦ *Trente filles*[tʁɑ̃t-fij] . *Soixante handicapées* [swa-sɑ̃t-ɑ̃-di-ka-pe] .

Devant voyelle ou h muet : on prononce la consonne finale dans l'attaque de la syllabe suivante.

    ✦ *Trente étudiantes* [tʁɑ̃-te-ty-djɑ̃t]. *Soixante héroïnes* [swa-sɑ̃-te-ʁo-in] .

2.2.8.10   soixante-dix, quatre-vingts, quatre-vingt-dix

Ces nombres sont difficiles, car ils constituent une opération contenant une addition, une multiplication ou les deux :

Soixante-dix : 60+10 / *quatre-vingts :* 4 x 20 /*quatre-vingt-quatorze* = 4x 20 + 14.

Ils sont un héritage des Vikings qui se sont installés en Normandie en 911, et qui disaient *deux- vingts* pour quarante, *trois-vingts* pour 60. L'hôpital des *quinze-vingts*, construit au moyen-âge à Paris pour soigner des aveugles, comptait quinze-vingts lits (trois cents lits).

Rappelons que *quatre-vingts* prend un s lorsque l'on a plusieurs fois vingt (ici, quatre fois), mais qu'il perd ce {s} lorsque l'on ajoute un nombre d'unités derrière : *quatre-vingt-deux.*

🛈 En revanche, lorsqu'il s'agit du *numéro quatre-vingt*, il n'y a pas d's :

    ✦ *Elle habite au quatre-vingt de la rue Pisoni.*

Cela vaut également pour cent :

    ✦ *Trois cents pages. Trois cent six pages.*

Nos voisins Suisses, eux, ont gardé le système latin pour tous les nombres :
Soixante-dix= *septante* / quatre-vingts = *octante* / quatre-vingt-dix = *nonante.* Il faut dire qu'ils étaient loin de la côte où sévissaient les Normands.

2.2.8.11   Mil / Mille

A l'origine, *mil* était le singulier de *mille*, qui était donc la forme du pluriel. Et c'est justement à cause de ce fait que *mille* est invariable et ne prend pas d'*{s}*.

Mil s'écrivait encore le siècle dernier sur les documents officiels lorsqu'il était question de dates. Ainsi figure sur mon extrait de naissance :

✦ *Christian Meunier est né à Paris le huit juin mil neuf cent quarante-sept.*

A partir de l'an 2000, on doit écrire :

✦ *Pierre Kiroul est né le douze août deux mille dix-sept.*

2.2.9   Adjectifs masculins devant voyelle

Trois adjectifs ont deux versions au masculin : une version devant consonnes, une autre devant voyelle ou h muet.

- *Un vieil* [**vjɛj**] *homme. / Un vieux* [**vjø**] *monsieur.*
- *Un bel* [**bɛl**] *appartement. Un beau* [**bo**] *studio.*
- *Le nouvel* [**nuvɛl**] *an. Un nouveau* [**nuvo**] *mois*

 Notons que c'est la présence simultanée de *un/le* et de l'adjectif qui nous montre qu'il s'agit d'un masculin. Sinon, l'adjectif féminin, qui est à l'écrit différent du masculin, est identique à l'oral :

- *Un vieil* [**vjɛj**] *homme. / une vieille* [**vjɛj**] *femme*
- *Un bel* [**bɛl**] *appartement. Une belle* [**bɛl**] *maison*
- *Le nouvel* [**nuvɛl**] *an. La nouvelle* [**nuvɛl**] *société*

2.3   Les monèmes

Nous allons nous pencher sur le décodage par l'auditeur.
Nous partons du principe que celui-ci possède la langue française (au moins le niveau B2/C1 du CECRL / **le cadre européen de référence pour les langues**).

Le problème est de reconnaître dans la suite des syllabes les monèmes qui constituent le message. Pour cela, il faut que l'auditeur dispose du vocabulaire adéquat, ainsi que d'une grammaire permettant de s'y retrouver dans la phrase proposée.

Exemples :   ✦ *Le secrétaire ferme le tiroir.*
[lə-sə-kʁe-tɛʁ / fɛʁm-lə-ti-ʁwaʁ]

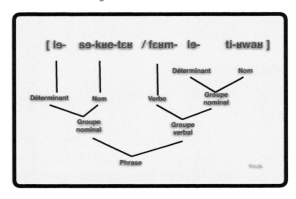

L'arbre montre la construction d'une phrase simple. Elle est composée d'un *groupe nominal sujet* et d'un *groupe verbal*. Ce dernier comprend un verbe et tous les compléments issus de sa valence :
Fermer qc = verbe + COD. Ceci explique l'absence de préposition.
Le groupe nominal de base comporte un *déterminant* et un *nom.*
[lə] correspond à un masculin singulier.
Comme nom, on trouve : [se-kʁe] / [se-kʁe-tɛʁ].

Si l'on choisit [se-kʁe], on ne saura quoi faire de *terre*, qui existe comme verbe, mais à la forme pronominale : *se terrer.* De plus, on ne voit pas trop comment un secret pourrait se terrer. Et ensuite, il faudrait encore trouver un sens au verbe *fermer*. Heureusement, le mot phonique se termine à [se-kʁe-tɛʁ]. On n'a donc pas besoin de deviner.

La forme [fɛʁm] correspond, entre autres, à la troisième personne du singulier, ce qui s'accorde bien avec le sujet {*secrétaire.*}

[lə-ti-ʁwaʁ] correspond bien à un groupe nominal COD.

Si l'on avait eu : *Les secrétaires ferment le tiroir.* [le-sə-kʁe-tɛʁ / fɛʁm-lə-ti-ʁwaʁ] seul le déterminant article défini [le] au lieu de [lə] montrerait que le sujet est au pluriel. En revanche, rien ne trahirait le genre, et donc ici, le sexe des secrétaires.

A l'écrit, « *Le secrétaire ferme le tiroir. / Les secrétaires ferment le tiroir.* » le nom sujet prend un « *s* », alors que le verbe, qui se retrouve à la 3ème personne du pluriel, se termine par « *ent* ». Cette simplicité de l'oral face à la difficulté de l'écrit explique que les fautes d'accord soient si fréquentes. On ne peut pas compter sur la seule grammaire intuitive. Il faut mobiliser la grammaire cognitive, qu'il faut évidemment posséder.

2.4   Les mots phoniques

Comme nous avons déjà eu l'occasion de le dire, la phrase française type contient deux mots phoniques : le mot phonique du nom sujet, et celui du verbe.

Il n'y a pas de pause possible à l'intérieur d'un mot phonique, même pas pour respirer.

En outre, toute liaison est interdite entre les deux mots phoniques.

C'est ainsi que les pronoms personnels sujets font partie du même mot phonique que le verbe, ce qui permet de faire la liaison, laquelle permet de savoir si le sujet est singulier ou pluriel.

♦ *Les enfants aiment les gâteaux.* [le-zɑ̃-fɑ̃ / ɛm-le-ga-to //]
♦ *Ils aiment les gâteaux.* [il-zɛm-le-ga-to]

Nous reviendrons sur les mots phoniques dans notre chapitre sur l'intonation.

2.5   Les phrases

Les phrases de base sont donc constituées de deux mots phoniques. Cependant, on peut trouver :

Des phrases contenant un seul mot phonique : [il-zɛm-le-ga-to //]

Des phrases contenant plus de deux mots phoniques, notamment :

- Lorsque l'on déplace des compléments circonstanciels :
  - ♦ *Demain, les enfants mangeront des gâteaux.*
  - [də-mɛ̃ / le-zɑ̃-fɑ̃ / mɑ̃-ʒə-ʁɔ̃-de-ga-to //]
- Dans le cas des parenthèses hautes ou basses
  - ♦ *Ton frère passe le bac, demain ?* [tɔ̃-fʁɛʁ /pas-lə-bak /de-mɛ̃//]
  - ♦ *Ton frère passe le bac, demain…* [tɔ̃-fʁɛʁ /pas-lə-bak /de-mɛ̃//]
- Dans le cas des appositions.
  - ♦ *Mon fils, qui déteste l'avion, prend le train.*
  - [mɔ̃-fis / ki-de-tɛst-la-vjɔ̃ / pʁɑ̃-lə-tʁɛ̃ //]

2.6   Les textes

Faire des phrases n'est pas le but ultime de notre étude. Il se passe aussi des choses entre les phrases au niveau du texte. Des pronoms peuvent reprendre des éléments d'une phrase située avant. *Monsieur Durand était maire de sa ville. Celle-ci était située dans une région industrielle.*

On trouve aussi des charnières logiques :

♦ *Il ne savait trop quelle profession choisir.* **D'une part**, *il voulait gagner beaucoup d'argent.* **D'autre part,** *il ne voulait pas faire de trop longues études.*

Voyez la recette de la mayonnaise :

✦ *D'abord, mettez un jaune d'œuf dans le bol. **Puis**, salez-le et poivrez-le. **Ensuite**, battez le jaune avec une fourchette. **Puis**, ajoutez l'huile goutte à goutte en continuant de battre avec la fourchette. **Enfin**, quand le volume désiré est atteint, ajoutez un filet de vinaigre.*

Bref, il peut y avoir toutes sortes de rapports entre les phrases ou même les paragraphes voire les chapitres, ce qui nous amène alors à considérer le texte dans son ensemble.

3. L'intonation

3.1 Petit historique d'une étude sur l'intonation

Ce chapitre sur l'intonation repose sur une étude menée sur l'intonation en 1978.

En 1976 venait de sortir chez Clé International, la méthode de FLE « *C'est le Printemps* », dont les auteurs appartenaient au CLA de Besançon.

L'une des originalités de cette méthode, c'était une introduction de *l'intonation marquée* : *le doute, l'évidence et la surprise.*

C'est alors que nous avons décidé d'utiliser les moyens mis à notre disposition par notre institut, le Centre des Langues de l'Université libre de Berlin (Sprachenzentrum der Freien Universität Berlin), afin de faire une étude systématique de la prosodie du français dans une optique de FLE. Notre but était de faire une étude utilisable dans notre enseignement tant pour l'intonation non-marquée que l'intonation marquée.

Nous avons constitué un corpus de phrases utilisées dans notre enseignement du FLE et dans notre cours de didactique sur la phonétique corrective, que nous avons enregistré dans le studio de l'institut, avec du matériel professionnel (Table de mixage SIEMENS, microphones NEUMANN, magnétophones STUDER, et étudié avec un détecteur de mélodie un oscilloscope et un oscillographe SIEMENS.

Le but principal était de créer du matériel utilisable dans l'enseignement du français, ainsi que dans celui de la phonétique corrective.

Nous allons voir la théorie de l'intonation comme partie de la prosodie, tout en expliquant comment les différents facteurs sont représentés dans notre système.

3.2 Les paramètres de base

L'intonation, partie de la prosodie, est due à l'activité des cordes vocales, qui peuvent faire varier leurs vibrations en hauteur (plus aigu, plus grave) en intensité (plus fort, plus faible) ou en durée, en produisant des sons de durée plus longue ou moins longue. La fréquence des vibrations produites par les cordes vocales s'appelle *Fondamental*, ou F_0 (Formant 0).

Ces phénomènes suprasegmentaux ont lieu parallèlement à la réalisation des phonèmes.

Ce sont ces trois paramètres que nous allons étudier : d'abord, leur fonctionnement physique, ensuite, la signification linguistique que cela implique.

3.2.1 La fréquence du F_0 ➜ La hauteur

Les cordes vocales vibrent à une certaine fréquence, F_0, qui dépend de l'âge et du sexe de la personne qui parle. Les valeurs moyennes sont {Courbis, Monterymard 2014 }

Personnes	F_0 de ...	à ...	
enfant âgé de 4 à 8-9 ans	248 Hz	330 Hz	1Hz (Hertz) = 1 vibration par seconde
femme	198 Hz	296 Hz	
homme	99 Hz	148 Hz	

Remarques : La fréquence moyenne vocale des hommes est une octave en-dessous de celle des femmes. (On passe d'une octave à la suivante en multipliant par 2 la fréquence).

Lors de la mue, ses cordes vocales s'allongeant et s'épaississant rapidement, l'enfant acquiert au final les valeurs correspondant à son sexe. C'est chez les garçons que la différence est la plus grande.

Lorsque l'on parle, les cordes vocales vibrent lors de la prononciation des voyelles et des consonnes sonores (dont les nasales).

En français, l'intonation se déplace sur cinq niveaux différents, allant du plus grave au plus aigu :

5	sur-aigu	Fin surprise/évidence
4	aigu	Fin d'interrogative.
3	infra-aigu	Fin de mot phonique non final.
2	médium	Débit inaccentué
1	grave	Fin de phrase

3.2.1.1 Pour trouver le niveau 2 :

On vous pose une question embarrassante. Comme vous n'en connaissez pas la réponse, vous réfléchissez : « Euh... » Ça y est : vous êtes au niveau 2. C'est là que commence le discours à l'affirmative. *C'est là que vous produirez les syllabes non accentuées*, c'est-à-dire, et de loin, les plus nombreuses.

3.2.1.2 Pour trouver les autres niveaux :

Prenons une phrase affirmative comme exemple :

✦ *Le chat est l'ami de l'homme.* [lə-ʃa/ e-la-mi-de-lɔm//]

Cette phrase se prononce en deux mots phoniques : celui du sujet, « *Le chat* » [lə-ʃa/] et celui du verbe « *est l'ami de l'homme .* » [e-la-mi-de-lɔm//]

Chaque mot phonique se termine par une syllabe accentuée : le mot phonique du verbe se termine au niveau 3 par une syllabe accentuée : [lɔm].

Dans certaines langues, c'est le mot le plus important qui est accentué. En français, *c'est la dernière syllabe du mot phonique qui est accentuée*, c'est-à-dire prononcée avec une intensité plus forte, et ce quelle que soit l'importance du dernier mot.

3.2.1.2.1 Le niveau 3 :

Les syllabes accentuées du mot phonique qui ne termine pas la phrase sont au niveau 3 (niveau 3 ➜ le mot phonique est fini, mais la phrase continue).

La première syllabe d'un monème dont on veut souligner l'importance par un accent d'importance se prononce également au niveau 3.

3.2.1.2.2 Le niveau 1 :

Les syllabes accentuées du mot phonique qui termine la phrase est au niveau 1 (niveau 1=le mot phonique est fini, et la phrase est finie.

3.2.1.2.3 Le niveau 4 :

Il n'est utilisé que dans l'interrogative :

Au début de la phrase lorsqu'on utilise un mot interrogatif.

✦ *Comment allez-vous ?* [kɔ-mɑ̃/ta-le-vu //]

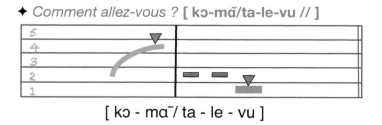

[kɔ - mɑ̃/ ta - le - vu]

Sans mot interrogatif ou lorsque le mot phonique est à la fin.

✦ *Votre mère est-elle de retour ?* [vo-tʁə-mɛʁ / ɛ-tɛl-də-ʁə-tuʁ//]

[vɔtʁ - mɛʁ / ɛ - tɛl - də - ʁə - tuʁ //]

✦ *Vous travaillez pourquoi ?* [vu-tʁa-va-je-puʁ-kwa//]

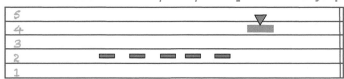

[vu - tʁa - va - je - puʁ - kwa//]

3.2.1.2.4 Le niveau 5 :

Il est utilisé dans l'intonation marquée niveau 4 + niveau 5 :

En fin de phrase évidente : (Ta voiture est en panne ?) ✦ *Tu iras à pied !* [ty-iʁa-za-pje//]

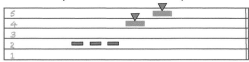

[ty - i - ʁa - za - pje //]

Enfin de surprise / indignation :

✦ *Ta mère ira à Lourdes à pied ?* [ta-mɛʁ/i-ʁa-a-luʁ-da-pje//]

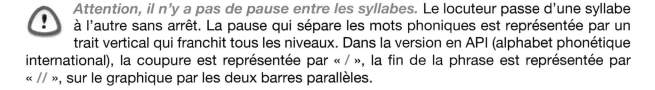

[ta - mɛʁ / i - ʁa - a - luʁ - da - pje//]

3.2.1.3 Explications sur la représentation des niveaux

Nous représentons les syllabes sous la forme de tirets :

- Des tirets de petite taille bleus, qui représentent les syllabes non-accentuées.
- Des tirets de grande taille marron, surmontés d'un triangle vert sur la pointe, qui représentent les syllabes accentuées. L'accent est représenté par la flèche en triangle.

⚠️ *Attention, il n'y a pas de pause entre les syllabes.* Le locuteur passe d'une syllabe à l'autre sans arrêt. La pause qui sépare les mots phoniques est représentée par un trait vertical qui franchit tous les niveaux. Dans la version en API (alphabet phonétique international), la coupure est représentée par « / », la fin de la phrase est représentée par « // », sur le graphique par les deux barres parallèles.

> *Il faut donc veiller à utiliser le bon niveau, et tout le mot phonique doit être dit d'un seul coup, sans aucune pause ni respiration.*

3.2.2 L'intensité du F_0 → L'accent

Accent tonique

Comme on peut le voir, chaque mot phonique a une syllabe accentuée, la dernière. Cet accent tonique fait que la syllabe est légèrement plus longue que les syllabes non-accentuées. Les syllabes non-accentuées sont toutes réalisées au niveau 2.

Accent d'insistance

On rencontre une autre sorte d'accent, l'accent d'insistance.

Quand on veut souligner l'importance d'un mot, on s'arrange pour le mettre à l'endroit où se trouve l'accent tonique (nous soulignons la syllabe qui reçoit l'accent tonique) :

✦ *C'est moi.* [sɛ-mwa //]

✦ *Tu fais des études pourquoi ?* [ty-fɛ-de-ze-tyd-puʁ-kwa //]

Mais on peut aussi accentuer un mot grâce à un accent d'insistance.

Celui-ci se place sur *la première syllabe du mot* que l'on veut signaler comme important et que l'on prononce au niveau 3.

Dans un discours politique, par exemple (l'accent tonique est souligné simplement, l'accent d'insistance en double) :

✦ *La France métropolitaine / est un pays difficile à gouverner.*
[la-fʁɑ̃s-me-tʁo-po-li-tɛn / ɛ-tœ̃-pɛ-i-di-fi-si-la-gu-vɛʁ-ne //]

La syllabe qui reçoit l'accent d'insistance est prononcée au niveau 3. L'intensité est plus forte que dans le cas de l'accent tonique. Plus le monème paraît important, plus l'intensité est forte.

Bien sûr, il ne faut pas exagérer. S'il y a trop de syllabes accentuées, cela finira par perdre de son efficacité. Quand tout est accentué, on finit par ne plus remarquer ce qui est vraiment important.

> *Nous avons donc, pour l'instant, deux sortes d'accents (augmentation de l'intensité de F_0).*
>
> ***L'accent tonique***, *qui sert à montrer où se termine un mot phonique. Il a donc une* **fonction syntaxique** *démarcative. On le trouve sur la dernière syllabe d'un mot interrogatif, ou d'un mot phonique. Il se trouve aux niveaux 1, 3 ou 4.*
>
> ***L'accent d'insistance***, *qui sert à désigner un monème comme important. Il a donc une* **fonction intentionnelle d'importance**. *On le trouve exclusivement au niveau 3 sur la première syllabe du monème.*

3.2.3 La durée des phonèmes / des syllabes

Pour ce qui est de leur durée, on peut répartir les syllabes en deux catégories :

Les non-accentuées, qui ont une durée moyenne, plutôt égale de l'une à l'autre.

Les accentuées, qui sont un peu plus longues que les non-accentuées.

Notons que les voyelles précédant les consonnes constrictives sonores [ʁ, z, v, ʒ] sont légèrement plus longues que les autres, sans autre raison que celle due à leur articulation.

3.2.4   La régularité syllabique du français

On parle souvent de la régularité syllabique du français. En effet, les syllabes non-accentuées, qui sont de loin les plus nombreuses, ont la même hauteur, la même durée et la même intensité.

Les syllabes accentuées, qui sont plus longues et plus fortes, mais justement peu nombreuses, apportent cependant une variété : elles sont prononcées à un autre niveau, avec une autre intensité et une autre durée.

Niveau	Cas correspondants
Niveau 1	A la fin d'une phrase affirmative, ou d'une phrase interrogative dont le mot interrogatif est au début.
Niveau 2	Dans lequel se situent toutes les syllabes atones (non-accentuées).
Niveau 3	A la fin d'un mot phonique situé ailleurs qu'à la fin d'une phrase, ou dans le cas d'un accent d'insistance.
Niveau 4	A la fin d'un mot phonique situé à la fin d'une phrase interrogative sans mot interrogatif, ou dont le mot interrogatif est placé à la fin. Aussi à l'avant-dernière syllabe d'une évidence, et dans la surprise, à la fin d'un mot phonique situé ailleurs qu'à la fin d'une phrase.
Niveau 5	A la dernière syllabe de l'évidence ou de la surprise indignation.

3.2.5   Notre système graphique pour représenter l'intonation

[lə-ʃa/ e-la-mi-de-lɔm//

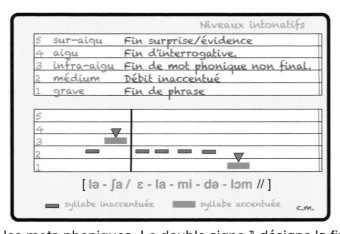

Nous décrivons cet exemple en le répartissant sur une portée (comme pour le solfège, mais avec une ligne en plus). Cette portée représente les cinq niveaux que nous avons décrits plus haut.

Les syllabes sont représentées par des traits : ▬ (trait fin = syllabe non-accentuée)

et ▬ surmontées du signe ▼ (trait épais + flèche = syllabe accentuée), le triangle sur la pointe représentant l'accent tonique.

Le signe ❘ montre la séparation entre les mots phoniques. Le double signe ❚ désigne la fin de la phrase .

N'oubliez pas que le mot phonique se prononce sans aucune pause. Les syllabes sont produites les unes après les autres. Il faut respecter la régularité syllabique, les changements de niveaux ainsi que l'intensité plus forte pour les syllabes accentuées.

3.3   L'intonation non-marquée

L'intonation a trois fonctions différentes :

- *En tant qu'intonation non marquée*, une *fonction syntaxique*. Elle sert à organiser le message oral en mots phoniques, comme dans les exemples présentés, pour permettre à l'interlocuteur de décoder le message.
- *En tant qu'intonation marquée,* une *fonction intentionnelle*, qui permet de montrer simplement en employant les bons patrons intonatifs que l'on croit quelqu'un, que l'on trouve quelque chose évident, ou encore que l'on est surpris ou indigné.
- *En tant qu'intonation marquée*, une *fonction émotionnelle,* qui permet d'extérioriser dans la parole les émotions que l'on ressent (joie, peur, enthousiasme, déception etc.) Cette fonction n'étant pas gérée par le locuteur, qui se laisse alors emporter par ses sentiments, chacun peut exprimer ses réactions de façon personnelle, très différente d'un individu à l'autre. Nous ne nous occuperons pas de cette fonction dans notre ouvrage.

Nous allons étudier successivement les deux premières fonctions.

Il va nous falloir envisager deux cas différents :

- La forme affirmative.
- La forme interrogative.

3.3.1   Intonation non-marquée et forme affirmative

3.3.1.1 Les formes de base.

Le patron intonatif de base de l'affirmative se compose de deux mots phoniques : celui du sujet au début, celui du verbe principal à la fin.

[lə - ʃa / ɛ - la - mi - də - lɔm //]

Mot phonique du sujet :
- ✦ *Le chat* [lə - ʃa]

Mot phonique du verbe :
- ✦ *est l'ami de l'homme* [ɛ-la-mi-də-lɔm]

3.3.1.2 Le mot phonique du sujet

Le mot phonique du sujet contient le groupe nominal du sujet composé dans notre exemple du *déterminant* [lə] *et du nom* [ʃa] .

Il se termine par une syllabe accentuée placée au niveau 3. Ainsi, le locuteur saura que le mot phonique est terminé, mais que la phrase continue.

Il est tout-à fait possible d'adjoindre à ce déterminant un adjectif, placé avant ou après, un complément de nom ou encore une relative déterminative dans le même mot phonique :

- ✦ *Le chat qui dort là s'appelle Minou.*
  [lə-ʃa-ki-dɔʁ-la /sa-pɛl-mi-nu //]

[lə - ʃa - ki- dɔʁ- la / sa-pɛl- mi -nu //]

Remarque : *Une relative déterminative (ou restrictive)* fait partie de l'information essentielle. Ce n'est pas n'importe quel chat : c'est celui qui dort là, et pas un autre.

Si l'on employait *une relative explicative*, qui n'est pas nécessaire pour savoir de quel antécédent on parle, il faudrait séparer la relative de l'antécédent en la mettant dans son propre mot phonique, en apposition. Ce mot phonique serait construit sur le même modèle que le mot phonique du sujet :

- ✦ *Mon chat, qui dort là, s'appelle Minou.*
  [mɔ̃-ʃa / ki-dɔʁ-la / sa-pɛl-mi-nu //]

C'est mon chat. Il n'est pas nécessaire de savoir qu'il dort là pour savoir de quel chat il s'agit. La relative est donc simplement explicative.

Attention :

Lorsque le sujet est un *pronom personnel*, celui-ci ne pouvant pas être accentué, il perd son mot phonique et se trouve incorporé dans le mot phonique du verbe.

◆ *Il s'appelle Minou*
[il-sa-pɛl-mi-nu //]
Le pronom sujet se retrouve dans le même mot phonique que le verbe.

Lorsque nous aurons besoin d'accentuer le pronom sujet, nous nous servirons du pronom accentué (*moi, toi, lui, elle, nous, vous, eux, elles*) :

◆ *Voyez ces deux chats. Lui, c'est Minou.*
[vwa-je-se-dø-ʃa // lɥi / sɛ-mi-nu //]

La première phrase, *Voyez ces deux chats.,* ne contient qu'un seul mot phonique car le verbe est à l'impératif. Il ne possède donc pas de sujet déclaré.

Dans la deuxième phrase le pronom accentué *lui* se trouve dans un mot phonique qui lui est propre, ce qui permet de le placer dans une position accentuée, et sa dernière syllabe est bien au niveau 3, signe que le mot phonique est terminé, mais que la phrase continue.

Ces mêmes pronoms serviront aussi à donner une réponse accentuée à une question telle que : ◆ *Qui a cassé le vase ?*
C'est lui ! [sɛ-lɥi //]

Le pronom *lui* [lɥi //] est bien accentué. Mais cette fois-ci, il se trouve au niveau 1 car la phrase se termine avec lui. *L'accent tonique prime donc sur l'accent d'importance.*

3.3.1.3 Le mot phonique du verbe

Le mot phonique du verbe contient le verbe principal, ainsi que tous les compléments appartenant à la valence du verbe.

On peut aussi y trouver des relatives déterminatives et des compléments circonstanciels, y compris des subordonnées circonstancielles, pourvu qu'ils fassent partie des nouvelles informations.

Groupe verbal : Verbe et toute sa valence, adverbes, éventuellement compléments circonstanciels.

◆ *Mon voisin a envoyé une lettre d'amour à sa dulcinée.*
[mɔ̃-vwa-zɛ̃ / a-ɑ̃-vwa-je-yn-lɛtʁ-da-mu-ʁa-sa-dyl-si-ne //]

Si le mot phonique vous paraît trop long, vous pouvez faire une coupure juste avant le complément à préposition, donc ici « *à sa dulcinée* ».

[mɔ̃-vwa-zɛ̃ / a-ɑ̃-vwa-je-yn-lɛtʁ-da-muʁ / a-sa-dyl-si-ne //]

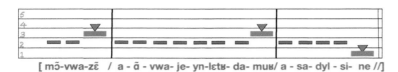

[mɔ̃-vwa-zɛ̃ / a - ɑ̃ - vwa- je- yn-lɛtʁ- da- muʁ/ a - sa- dyl - si- ne //]

L'avantage est, bien sûr, qu'on atteint plus facilement la fin d'un mot phonique plus court, ce qui permet de respirer rapidement avant l'attaque du mot phonique suivant. L'inconvénient, c'est que l'on se retrouve avec trois mots phoniques au lieu de deux.

On notera que la syllabe [-mu-] dans [da-mu-ʁa-] récupère son [ʁ] dans [da-muʁ / a-]. En effet, une liaison est impossible entre deux mots phoniques. Le [ʁ] doit réintégrer son monème d'origine, [amuʁ].

Retenons la hiérarchie : On coupe d'abord devant le complément introduit par une préposition. Nous reviendrons à ce problème plus tard pour préciser les conditions.

3.3.1.4 Les compléments circonstanciels
Contrairement aux compléments de la valence, dont l'emploi ne permet pas de très grandes variations de places, les compléments circonstanciels sont mobiles.
Lorsque le complément circonstanciel joue un rôle essentiel, il fait partie du mot phonique du verbe. Par exemple, lorsqu'il fournit une réponse à une question que l'on a posée :
✦ *Quand est-elle venue ?*
La directrice est venue hier matin.
[la-di-ʁɛk-tris / e-ve-ny-jɛʁ-ma-tɛ̃]

[la- di - ʁɛk-tris / e - ve - ny - jɛʁ-ma- tɛ̃ //]

Mais lorsque son contenu est déjà connu des deux interlocuteurs, il sera placé dans son propre mot phonique, avant le mot phonique du sujet.

✦ *Qu'a-t-elle fait hier matin ?*
Hier matin, elle a téléphoné au rectorat.
[jɛʁ-ma-tɛ̃ / ɛ-la-te-le-fo-ne-o-ʁɛk-to-ra]

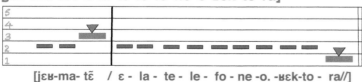

[jɛʁ-ma- tɛ̃ / ɛ - la - te - le - fo - ne -o. -ʁɛk-to - ra//]

3.3.1.5 Salade de compléments

Partons de deux exemples qui ne diffèrent que par leur découpage en mots phoniques :
✦ *Le concierge de l'hôtel voit la Tour-Eiffel. (A)*
[lə-kɔ̃-sjɛʁʒ-də-lo-tɛl / vwa-la-tu-ʁɛ-fɛl //]

[lə-kɔ̃-sjɛʁʒ-də- lo- tɛl   / vwa- la -tu - ʁɛ - fɛl //]

✦ *Le concierge, de l'hôtel, voit la Tour-Eiffel.* (B)
[lə-kɔ̃-sjɛʁʒ / də-lo-tɛl / vwa-la-tu-ʁɛ-fɛl //]

[lə-kɔ̃-sjɛʁʒ / də- lo- tɛl   / vwa- la -tu - ʁɛ - fɛl //]

Réfléchissons sur le complément « *de l'hôtel* ». Dans l'exemple (A), nous avons affaire à un complément de nom : il s'agit du concierge qui travaille dans l'hôtel. Ce complément de nom doit absolument faire partie du même mot phonique que le nom auquel il se rapporte, ici, *concierge*, puisqu'il le définit.

Dans le cas (B), *de l'hôtel* possède son propre mot phonique. On aurait aussi bien pu dire, avec la même signification :

✦ *De l'hôtel, le concierge voit la Tour Eiffel.* (C)
[də-lo-tɛl / lə-kɔ̃-sjɛʁʒ- vwa-la-tu-ʁɛ-fɛl //]

[də- lo- tɛl   /lə-kɔ̃-sjɛʁʒ / vwa- la -tu - ʁɛ - fɛl //]

✦ *Le concierge voit la Tour Eiffel, de l'hôtel.* (D) (Parenthèse basse)
[lə-kɔ̃-sjɛʁʒ- vwa-la-tu-ʁɛ-fɛl / də-lo-tɛl //]

C'est ici que se termine la phrase

[lə-kɔ̃-sjɛʁʒ /vwa-la -tu -ʁɛ - fɛl / də- lo- tɛl   //]

Étant donné sa mobilité, on comprendra qu'il s'agit d'un complément circonstanciel. Ici, il définit le lieu où se trouve le concierge et duquel il voit la Tour-Eiffel.
Rien ne dit qu'il soit obligatoirement concierge de l'hôtel. On sait simplement qu'il s'y trouve, et que de là, il voit la Tour-Eiffel. L'histoire se passe donc à Paris.

Dans (C), le complément circonstanciel est en tête, antéposé.
Dans (D), nous avons ce que l'on appelle une parenthèse basse (cf. 3.3.1.6, juste ci-dessous). Nous pourrions très bien nous passer de la dire. C'est une précision gratuite.
Voyons cette parenthèse basse en détail.

3.3.1.6 Les parenthèses basses

Lorsqu'un fait est connu, on peut aussi le placer à la fin de la phrase dans une parenthèse basse.

✦ *Qu'a-t-il fait hier matin ?*
Il a réparé le robinet, hier matin.

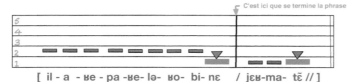

[il-a-ʁe-pa-ʁe-lə-ʁo-bi-nɛ / jɛʁ-ma-tɛ̃ //] *(parenthèse basse. Information secondaire)*

La parenthèse basse commence après la fin de la phrase (niveau 1) et reste tout le temps à ce niveau 1. Seule la dernière syllabe est accentuée.

Nous aurons donc :

☞ Réponse à « *quand ?* » :

[il-a-ʁe-pa-ʁe-lə-ʁo-bi-nɛ-jɛʁ-ma-tɛ̃ //] (information essentielle)

☞ Mot phonique trop long

[il-a-ʁe-pa-ʁe-lə-ʁo-bi-nɛ / jɛʁ-ma-tɛ̃ //] (coupure devant le complément circonstanciel.)

 Attention :

✦ *Il a réparé le robinet hier matin. (Quand a-t-il réparé le robinet ?)*
[il-a-ʁe-pa-ʁe-lə-ʁo-bi-nɛ-jɛʁ-ma-tɛ̃ //] (information essentielle)

✦ *Il a réparé le robinet hier matin. (Quand a-t-il réparé le robinet ?)* information essentielle lorsque le mot est trop long.
[il-a-ʁe-pa-ʁe-lə-ʁo-bi-nɛ / jɛʁ-ma-tɛ̃ //] Si le mot phonique est trop long.

✦ *Il a réparé le robinet, hier matin. (Qu'a-t-il fait, hier matin ?)*
[il-a-ʁe-pa-ʁe-lə-ʁo-bi-nɛ / jɛʁ-ma-tɛ̃ //] (parenthèse basse. Info secondaire)

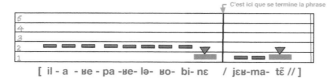

La phrase se termine (niveau 1) Avant la parenthèse basse, elle-même en totalité au niveau 1.

Le robinet doit se trouver à la fin de la phrase. La parenthèse agit comme un rappel, située après la fin de la phrase. On a atteint le niveau 1 avec une syllabe accentuée (-nɛ). Ce qui vient après, et qui se prononce entièrement au niveau 1, arrive après la fin de la phrase. C'est donc une parenthèse basse, contenant un rappel déjà connu.

✦ *Qu'a fait le professeur, ce matin ?*
Le professeur a expliqué à ses élèves l'accord du participe, ce matin.
[lə-pʁo-fɛ-sœʁ / a-ɛks-pli-ke-a-se-ze-lɛv-la-kɔʁ-dy-paʁ-ti-sip / sə-ma-tɛ̃ //]

[lə-pʁo-fɛ-sœʁ / a - ɛks-pli- ke -a - se-ze- lɛv / la-kɔʁ-dy- paʁ- ti - sip / sə- ma- tɛ̃ //]

✦ *Jules serait un fils modèle ? Il a tué son propre père, le fils modèle.*
[i-la-tɥe-sɔ̃-pʁɔ-pʁə-pɛʁ / lə-fis-mo-dɛl //]

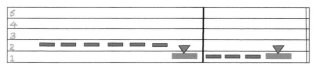

[i - la -tɥe- sɔ̃- pʁɔ-pʁə-pɛʁ / lə-fis- mo-dɛl //]

On retrouve cette même flexibilité avec les pronoms personnels toniques :

✦ *Lui, je le connais.* (en début de phrase).
[lɥi / ʒə-lə-kɔ-nɛ //]

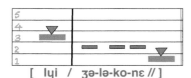

[lɥi / ʒə-lə-ko-nɛ //]

Le pronom [lɥi /] se trouve au niveau 3, et non pas 2, car il est la dernière syllabe du mot phonique du pronom. Il faut deux syllabes pour que la première soit au niveau 2, le niveau du début)

✦ *Je le connais, lui.* (Parenthèse basse)
[ʒə-lə-ko-nɛ / lɥi //]

C'est ici que se termine la phrase

[ʒə - lə- ko - nɛ   / lɥi //]

La parenthèse basse [/ lɥi //] se trouve en totalité au niveau 1.

3.3.1.7 Récapitulatif de l'affirmative

Nous avons vu lors de notre étude sur l'intonation :

3.3.1.7.1 Que l'intonation était produite par l'activité des cordes vocales.

- Que les variations de la fréquence de vibration (en Hz) de ces cordes vocales (*Fondamental* = F_0) déterminaient la hauteur de l'intonation (en Hertz).
- Que cette hauteur variait sur 5 niveaux.
- Que l'intensité de la variation (en dB) déterminait l'accent tonique.
  - Que les syllabes sont alors accentuées (elles portent un accent tonique et sont donc prononcées avec une plus forte intensité. En outre, elles sont plus longues que les non-accentuées.
  - Que les syllabes atones (non-accentuées) sont plus brèves, toutes au niveau 2, et ont une longueur assez semblable. On parle ainsi d'égalité syllabique.
- Que les syllabes constituent un flux continu.

3.3.1.7.2 Que l'affirmative correspondait aux caractéristiques suivantes :

- Une phrase orale type est constituée au minimum de deux mots phoniques : celui du sujet et celui du verbe principal. (Remarque : lorsque le sujet est un pronom personnel, il n'a pas droit à son propre mot phonique : dans ce cas, il n'y a plus de mot phonique du sujet).
- Les syllabes non-accentuées sont toutes au niveau 2.
- On reconnait la fin du mot phonique au fait que la dernière syllabe est à un autre niveau :
  - Au niveau 3 lorsque le mot est terminé, mais que la phrase continue.

> - o Au niveau 1 lorsque le mot est terminé, et que la phrase l'est aussi.
> - Lorsque la phrase est terminée (on a atteint une syllabe avec l'accent tonique, située au niveau 1 et que l'on ajoute une idée déjà connue pour illustrer ce que l'on dit, cette idée occupe un mot phonique que l'on appelle une parenthèse basse. Elle est entièrement située au niveau 1, et sa dernière syllabe est accentuée.
> - Les compléments circonstanciels sont mobiles.
>   - o Ils sont situés dans le mot phonique du verbe lorsque leur information est nouvelle.
>   - o Ils sont situés avant le mot phonique du sujet lorsque leur information est déjà connue et qu'elle est reprise.
>   - o Ils sont inclus dans le mot phonique du verbe en apposition (par écrit, entre virgules, lorsque leur information est nouvelle).

3.3.2 Intonation et forme interrogative / interro-négative

La forme interrogative, qui permet de poser une question pour confirmer, infirmer ou compléter une information, peut être considérée :

3.3.2.1 Comme une interrogative totale si elle porte sur la totalité d'une information, juste pour savoir si elle est exacte ou non :

✦ *Napoléon III est-il le fils de Napoléon Ier ?*

Non, c'est seulement son neveu. (A)

✦ *Napoléon III est-il le neveu de Napoléon Ier ?*

Oui, c'est bien son neveu. (B)

✦ *Napoléon III n'est-il pas le fils de Napoléon Ier ?*

Non, c'est seulement son neveu. (C)

✦ *Napoléon III n'est-il pas le neveu de Napoléon Ier ?*

Si, c'est seulement son neveu. (D)

Dans les 4 cas, on émet une hypothèse, et on vérifie si elle est vraie ou non :

Cas	Hypothèse	Vérification demandée	Réponse
A	Napoléon III=fils de Napoléon Ier	Ai-je raison ?	non
B	Napoléon III=neveu de Napoléon Ier	Ai-je raison ?	oui
C	Napoléon III ≠ fils de Napoléon Ier	N'ai-je pas raison ?	Oui à (ne...pas) = si
D	Napoléon III ≠ neveu de Napoléon Ier	N'ai-je pas raison ?	Non à (ne...pas)= non

Les cas A et B ne posent pas de problème particulier : si l'hypothèse est vraie, on répond « *oui* ». Si elle est fausse, on répond « *non* ».

Les cas C et D utilisant l'interronégative, la question est posée avec précautions. On pense avoir raison, mais on n'en est pas si sûr. Lorsque la question est présentée dans une interronégative : si l'hypothèse est vraie, on répond « si » (oui à « ne...pas » = si : vous ne pouvez pas répondre « oui » car cela voudrait dire que, oui, votre interlocuteur n'a pas raison.). Si elle est fausse, on répond « non » (répondre « non » à une négation revient à dire oui à une affirmative, car on dit non à l'affirmation : « Je n'ai pas raison. » Non, tu n'as pas raison).

3.3.2.2 Comme une interrogative partielle si elle porte sur une partie d'une information, juste pour en savoir plus sur cette partie :

Partons de l'information :

✦ *Mémé vient nous voir la semaine prochaine.*

Nous voulons savoir :

✦ *Pourquoi vient-elle ?*

✦ *Quel jour vient-elle ?*

✦ *Pourquoi vient-elle la semaine prochaine ?*

Dans les trois cas, nous voulons préciser cette venue. La question est posée avec un mot (ou une expression) interrogatif, qui pose la question sur un aspect particulier du problème.

3.3.2.3 L'interrogative sans mot interrogatif

Nous venons de voir que l'interrogative sans mot interrogatif correspondait à une interrogation totale.

Ce qui distingue l'interrogative sans mot interrogatif, c'est qu'elle se termine par une syllabe tonique au niveau 4.

✦ *Le train s'arrête à Orange ?*

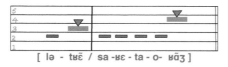

La dernière syllabe de la phrase atteint le niveau 4. Cette phrase est donc une interrogative.

✦ *Oui. Le train s'arrête à Orange.*

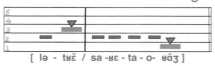

La dernière syllabe de la phrase atteint le niveau 1. Cette phrase qui n'atteint jamais le niveau 4 est donc une affirmative.

La différence entre une interrogative totale et une affirmative qui ont le même contenu se cache dans la dernière syllabe, que l'on peut retrouver au niveau 4 (interrogative) ou au niveau 1 (affirmative).

3.3.2.4 L'interrogative avec mot interrogatif

Nous avons vu que l'interrogative avec mot interrogatif correspondait à une interrogation partielle. Le choix du mot interrogatif dépend justement de ce que l'on veut savoir.

Il y a en gros deux façons d'employer le mot interrogatif :

- o   On le place au début : ✦ *Quand Mémé vient-elle nous voir ?*
- o   On le place à la fin : ✦ *Mémé vient nous voir quand ?*

3.3.2.4.1 Au début

✦ *Quand Mémé vient-elle nous voir ?*
[kɑ̃ / me-me / vjɛ̃-tɛl-nu-vwaʁ]

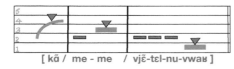

Placé au début, le mot interrogatif a son propre mot phonique. Pendant la réalisation du mot interrogatif, F0 effectue un glissando « en cloche » du niveau 2 au niveau 4 et reçoit un accent tonique.

3.3.2.4.2 A la fin

✦ *Mémé vient nous voir quand ?*
[me-me / vjɛ̃-nu-vwaʁ-kɑ̃]

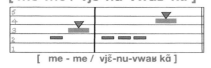

Placé à la fin, le mot interrogatif fait partie du dernier mot phonique. Sa dernière syllabe se retrouve au niveau 4 et reçoit un accent tonique.

Notons qu'il y a une différence de niveau de style entre les deux façons de poser une question.

La méthode qui place le mot au début dénote un bon niveau de langue, surtout si l'on fait l'inversion du pronom personnel.

Ceux qui trouvent l'inversion trop snob peuvent employer *est-ce que* qui, sans être un mot interrogatif, permet de se passer de l'inversion.

✦ *Pourquoi est-ce que Mémé vient nous voir ?*
[puʀ-kwa /ɛs-kə-me-me / vjɛ̃-nu-vwaʀ-]

[puʀ -kwa / ɛs - kə-me-me / vjɛ̃-nu-vwaʀ]

3.3.2.5 La parenthèse haute

Lorsqu'un fait est connu, on peut aussi le placer à la fin de la phrase interrogative dans une parenthèse haute.

✦ *Il a réparé le robinet, hier matin ? (A)*
[il-a-ʀe-pa-ʀe-lə-ʀo-bi-nɛ / jɛʀ-ma-tɛ̃ //] *(parenthèse haute. Information secondaire)*

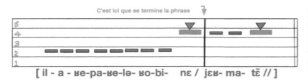

La parenthèse haute commence après la fin de la phrase (niveau 4) et reste tout le temps à ce niveau 4. Seule la dernière syllabe est accentuée.

[il - a - ʀe-pa-ʀe-lə- ʀo-bi- nɛ / jɛʀ- ma- tɛ̃ //]

Comme pour l'affirmative, on aurait pu aussi mettre le complément circonstanciel de temps hier matin au début, dans un mot phonique spécial :

✦ *Hier matin, Il a réparé le robinet? (A₂)*
[il-a-ʀe-pa-ʀe-lə-ʀo-bi-nɛ /jɛʀ-ma-tɛ̃ //]

Cette version correspond à celle contenant la parenthèse haute (A₁).

[jɛʀ- ma- tɛ̃ / il - a - ʀe-pa-ʀe- lə - ʀo- bi- nɛ //]

On sait que cela a lieu hier matin, et on se demande s'il a réparé le robinet.
Il ne faut pas confondre cet exemple avec le suivant,

✦ *Il a réparé le robinet hier matin ? (B)*
[il-a-ʀe-pa-ʀe-lə-ʀo-bi-nɛ jɛʀ-ma-tɛ̃ //]

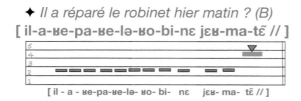

[il - a - ʀe-pa-ʀe-lə- ʀo- bi- nɛ   jɛʀ- ma- tɛ̃ //]

Dans (A), on sait qu'il s'est passé quelque chose hier matin. On se demande s'il a réparé le robinet. Comme on sait que cela s'est passé hier matin, on place cette information dans une parenthèse haute. Comme la phrase qui s'arrête juste avant se termine au niveau 4, c'est à ce niveau-là que se trouvent la totalité des syllabes de la parenthèse. Et bien sûr, sa dernière syllabe est soumise à un accent tonique.

Dans (B), on sait qu'il a réparé le robinet. On demande s'il l'a fait hier matin. C'est pour cela que la question, qui porte sur un complément circonstanciel, fait partie du mot phonique du verbe principal, placée à la fin.

Et si le mot phonique est trop long pour vous, vous pouvez, comme on le fait plus haut, mettre le complément circonstanciel dans un mot phonique spécial. Remarquez que le premier mot phonique se termine au niveau 3 (la phrase continue), et que le nouveau mot phonique, qui est redescendu au niveau 2 [jɛʀ-ma] ne rejoint le niveau 4 qu'à la dernière syllabe [tɛ̃] .

✦ *Il a réparé le robinet hier matin ? (B₂)*

[il-a-ʁe-pa-ʁe-lə-ʁo-bi-nɛ /jɛʁ-ma-tɛ̃ //]

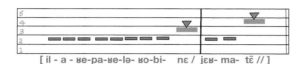

[il - a - ʁe-pa-ʁe-lə- ʁo-bi-   nɛ / jɛʁ- ma- tɛ̃ //]

Comme pour l'affirmative, on aurait pu aussi mettre le complément circonstanciel de temps *hier matin* au début, dans un mot phonique spécial :

✦ *Hier matin, Il a réparé le robinet? (A₂)*

[il-a-ʁe-pa-ʁe-lə-ʁo-bi-nɛ /jɛʁ-ma-tɛ̃ //]

Cette version correspond à celle contenant la parenthèse haute.

3.4   L'intonation marquée

3.4.1   Principe de l'intonation marquée

Outre sa fonction d'organisation syntaxique de la phrase et du texte à l'oral, l'intonation remplit le rôle de doubler le texte d'une fonction d'intention.

Si votre fils à qui vous reprochez de ne pas réviser les maths pour son contrôle, vous raconte :

✦ *Je n'ai pas besoin de réviser. Les maths, c'est facile.*

Vous aurez du mal à le croire.

Vous pouvez lui démontrer que ce qu'il dit n'est pas possible : les maths, ce n'est pas si facile, et d'ailleurs, ses notes montrent qu'il n'est pas bon du tout. Alors, il faut préparer le contrôle le mieux possible.

Vous en aurez pour plusieurs minutes, et il ne vous écoutera pas parce que vous le « gaverez ». En revanche, vous obtiendrez un meilleur résultat en répétant la phrase qui pose problème, que vous accompagnerez d'une intonation de mise en doute, qui montrera à votre fils que vous avez toutes les raisons de ne pas le croire.

3.4.2   La mise en doute

 Pour réussir l'intonation de la mise en doute ☺:

Tout est dit en un seul mot phonique, les lèvres en avant pour montrer votre dégoût que l'on essaie de vous tromper. Vous devrez donc faire la moue.

N'oubliez pas que lorsque l'on parle avec les lèvres en avant, les sons sont plus graves et que cela s'entend.

✦ *Les maths c'est facile !?*

[le-mat-se-fa-sil //]

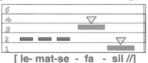

[le- mat-se - fa - sil //]

L'avant dernière syllabe et la dernière sont allongées, l'accent tonique assez faible. L'avant dernière syllabe est au niveau 3, et la dernière au niveau 1. Il faut parler posément, sans s'énerver.

Si votre interlocuteur est natif (de langue maternelle française), il devrait comprendre que vous ne le croyez pas, même si vous ne faites que répéter ses paroles.

✦ *C'est facile !?*

[se-fa-sil //]

[se - fa. - sil //]

☺ Comme vous devez tout dire en un seul mot phonique, donc, sans pause et sans possibilité de respirer, il vaut mieux choisir dans ce qu'a dit votre interlocuteur juste la partie que vous voulez mettre en doute.

✦ *Facile !?*

[fa-sil //]

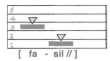

☺ Ici, le mot facile [fa-sil] a la longueur minimum, 2 syllabes, ce qui permet de réaliser les deux dernières syllabes selon le patron intonatif de la mise en doute, avec une syllabe allongée au niveau 3, une autre allongée au niveau 1, et bien sûr, avec les lèvres en avant.

Comme on peut le voir, l'intonation marquée est utilisée de façon *consciente*. C'est pour ainsi dire le mode d'emploi pour coder ou décoder le fait que l'on ne croit pas tout en voulant que l'interlocuteur le sache. Il devra donc en tenir compte, ce qu'il fera s'il est de langue maternelle française, et, s'il est étranger, s'il a appris ce que nous venons de vous expliquer. Cela devrait être le cas de vos apprenants dès demain.

Que faire lorsque l'on veut mettre en doute une information ne contenant qu'une seule syllabe ?
Votre sonnette ne fonctionne plus. Vous demandez à votre fils : « Qui a cassé la sonnette ? »
Votre fils montre le chien (pauvre bête) et dit : *« Lui ! »*
Comment mettre en doute ce *« lui »*, constitué d'une seule syllabe ? Comment faire une syllabe au niveau 3 + une syllabe au niveau 1 ?

Vous allez dire :
✦ *Lui !?*
[lɥi //]

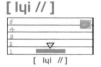

☺ La syllabe est prononcée les lèvres en avant, au niveau 1, et elle est allongée assez longtemps.

3.4.3 L'évidence ☺
La voiture de votre meilleure amie est tombée en panne. Elle vous dit qu'à cause de cela, elle ne pourra pas se rendre chez le médecin.
Pour vous, c'est évident : vous ne pouvez pas la laisser tomber. Vous allez lui faire comprendre que, évidemment, vous allez l'y amener.
    ✦ *« Ma voiture est en panne. Je ne peux pas aller chez le médecin…*
    Je vais t'y amener !! »
    [ʒə-vɛ-ti-a-mə-ne //]

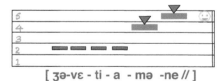

[ʒə-vɛ - ti - a - mə -ne //]

L'évidence est marquée par les deux dernières syllabes, l'avant-dernière étant au niveau 4 et la dernière au niveau 5, le suraigu.

Pour aider, il faut, sur les deux dernières syllabes, lever les épaules avec une mine décontractée et bienveillante.

Comme dans le cas de la mise en doute, il n'y a qu'un seul mot phonique, et tout se passe sur les deux dernières syllabes.

Mais cette fois-ci, il faut grimper haut. Pour vous aider, il vous est conseillé de hausser les épaules en même temps que la fréquence F_0 monte, sur les deux syllabes

Ce patron intonatif nécessite, comme le doute, deux syllabes pour mener la pénultième (l'avant-dernière) au niveau 4, et la dernière au niveau 5.

Lorsque le message se limite à une seule syllabe :

Dans cette famille, qui va conduire la voiture : lui (le grand-père, qui a la maladie de Parkinson) ou elle (la grand-mère) ?

Nous répondons évidemment : ✦ *« Elle !! »* puisqu'elle est la seule à ne pas trembler.

[ɛl //]

Nous montons dès la première syllabe au niveau 5, ce qui constitue une sorte de record.

Pour bien réussir, il faut hausser les épaules, ne pas parler trop fort, et garder son énergie pour atteindre le niveau 5 dès le début de la syllabe.

3.4.4   La surprise / indignation 😮

Nous avons eu jusqu'à présent des cas où l'on pouvait gérer l'intonation sans problème.

Avec la surprise / indignation, les problèmes commencent.

D'abord, il faut savoir la raison pour laquelle on est surpris. En effet, il y a de bonnes surprises (j'ai gagné à l'Euromillion), mais il y en a aussi de mauvaises (mon chauffe-eau a explosé). On peut aussi s'indigner : *M. Dupont a eu la mauvaise surprise de voir sa femme allumer une cigarette, alors qu'elle avait promis d'arrêter de fumer.*

Il y a ensuite le problème de l'importance de cette surprise.

Notre voisine, madame Héoui, s'était faite belle pour aller chercher son mari à l'heure de sortie des bureaux. Elle voulait lui en faire la surprise. En arrivant devant l'école où il travaillait, elle aperçut sa voiture. C'est en arrivant à un mètre de cette voiture qu'elle s'aperçut que son mari s'y trouvait, penché sur le siège droit. Se rapprochant encore un peu pour voir de quoi il retournait, elle reconnut, embrassant son mari, le visage d'une de ses collègues. Frappée au cœur, elle perdit connaissance et tomba lourdement sur le trottoir.

Dans ce cas, la surprise est tellement forte que Mme Héoui ne peut plus gérer sa parole.

C'est pourquoi nous allons nous limiter à des surprises ou des indignations qui nous laissent le loisir de gérer notre parole, tout en évitant celles qui relèvent de la fonction émotionnelle.

Il y a plusieurs façons d'exprimer sa surprise. Nous allons vous présenter une façon simple et efficace de montrer votre surprise ou votre indignation.

Partons d'une banale interrogative :

✦ *Ton médecin fume encore ?*

[tɔ̃-med-sɛ̃ / fy- mã-kɔʁ //]

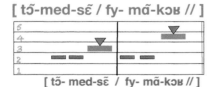

Passons à la surprise / indignation

✦ *Ton médecin fume encore ?!?*

[tɔ̃- med-sɛ̃ / fy- mã-kɔʁ //] 😮

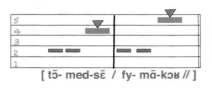

Ce patron intonatif s'appuie sur la forme interrogative. Il suffit de faire passer les syllabes du niveau 3 au niveau 4, et la dernière syllabe de la phrase du niveau 4 au niveau 5.

Plus vous voudrez vous montrer indigné, plus vous augmenterez l'intensité de vos accents toniques.

3.4.5   L'accent d'insistance

Pour rester dans notre intonation gérée, il nous reste à parler de l'accent d'insistance.
Lorsque l'on veut montrer qu'un mot est important, on a recours à un accent tonique que l'on appelle « accent d'insistance ».

✦ *L'intonation est un élément essentiel dans l'apprentissage des langues.*
[lɛ̃-to-na-sjɔ̃/ ɛ-tœ̃-e-le-mɑ̃-ɛ-sɑ̃-sjɛl-dɑ̃-la-pʁɑ̃-ti-saʒ-de-lɑ̄g //]

[lɛ̃ - to - na-sjɔ̃   /   ɛ - tœ̃ -   e- le- mɑ̃-   ɛ - sɑ̃-sjɛl-dɑ̃ -la-pʁɑ̃-ti- saʒ-de- lɑ̄g //]

Comme dans un discours, on peut vouloir distinguer certains mots. Soulignons les mots importants :

✦ *L'intonation est un élément essentiel dans l'apprentissage des langues.*
[lɛ̃-to-na-sjɔ̃/ ɛ-tœ̃-ne-le-mɑ̃-ɛ-sɑ̃-sjɛl-dɑ̃-la-pʁɑ̃-ti-saʒ-de-lɑ̄g //]

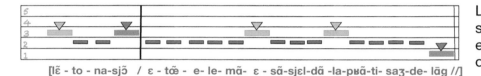

[lɛ̃ - to - na-sjɔ̃   /   ɛ - tœ̃ -   e- le- mɑ̃-   ɛ - sɑ̃-sjɛl-dɑ̃ -la-pʁɑ̃-ti- saʒ-de- lɑ̄g //]

Le symbole ▽ représente l'accent tonique et la première syllabe du mot souligné.

📝 Notons que l'accent d'insistance touche seulement la première syllabe du mot que l'on veut souligner, et que celle-ci est réalisée au niveau 3. En outre, cet accent d'insistance ne modifie en rien la construction des mots phoniques.

Remarquons que bien que nous ayons eu l'intention de marquer le mot langue [lɑ̄g] d'un accent d'insistance, nous avons dû y renoncer au profit de l'accent tonique, qui, du fait de son importance pour la fonction syntaxique, a une priorité absolue sur les autres formes d'accents. Si le mot avait eu plusieurs syllabes (*idiomes* [i-djɔm]), nous aurions pu mettre un accent d'insistance sur la première syllabe [i], et l'accent tonique sur la deuxième [djɔm].

Nous avons fait le tour des différents éléments qui constituent l'intonation.
Nous ne pouvons qu'encourager l'enseignante qui lit cet ouvrage de se servir des nouvelles connaissances acquises pour enrichir son enseignement.

Maintenant que nous connaissons les principes de la prosodie, et en particulier de sa composante l'intonation, nous allons pouvoir étudier l'influence de l'intonation sur la grammaire de l'oral et de l'écrit.

On trouvera les exemples enregistrés sur le site www.la-grammaire-du-fle.com à la rubrique phonétique / outils.

4. L'influence de la prosodie sur la grammaire.

Nous allons étudier l'influence de la prosodie sur la grammaire. Nous allons pour cela suivre la carte mentale suivante :

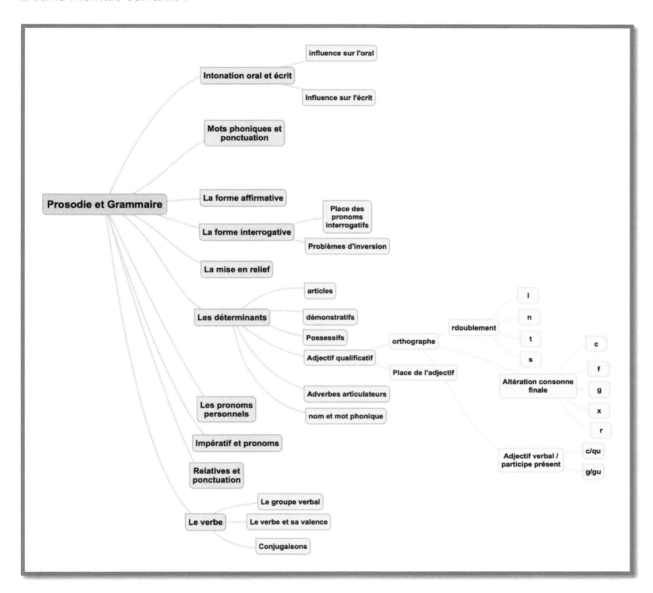

4.1 Rôle de l'intonation à l'oral et à l'écrit

Il est évident que l'intonation a un rôle à l'oral. Nous en avons parlé dans le chapitre précédent, en particulier pour l'intonation non marquée.

Son rôle à l'écrit est plus modeste, et souvent indirect. Pourtant, il existe plusieurs cas où l'on en reconnaît l'influence.

C'est de tous ces cas-là que nous allons parler.

4.1.1 Influence sur l'oral

Prenons un exemple.

Hier, un malfaiteur a braqué une banque, armé d'un revolver. Il a été peu de temps après arrêté par la police.

Voilà ce que l'on pouvait lire dans le journal, le Canard du Littoral :
Hier, un malfaiteur a braqué la banque située au 12 rue Pisoni. La police a arrêté le braqueur peu de temps après.

Observons la deuxième phrase :
✦ *La police a arrêté le braqueur peu de temps après.* (A)
Cette phrase à l'affirmative contient : un mot phonique du sujet, *La police* et un mot phonique du verbe principal, *a arrêté le braqueur peu de temps après*, qui contient le noyau verbal (verbe+valence = *a arrêté le braqueur*) et le complément circonstanciel *peu de temps après*.

En revanche, un témoin a raconté à un journaliste qui l'interrogeait :
✦ *La police, elle l'a arrêté, le braqueur. Juste après.* (B)
Et un autre témoin :
✦ *La police, le braqueur, elle l'a arrêté. Juste après.* (C)
Et encore d'autres :
✦ *Le policier, le braqueur, il l'a arrêté.* (D)
✦ *Le braqueur, le policier, il l'a arrêté.* (E)
✦ *Il l'a arrêté, le policier, le braqueur.* (F)
Remplissons le tableau suivant en considérant le modèle : *La police a arrêté le braqueur.*

N°	Mots phoniques	Éléments redondants	Remarque
A	2	0	Chaque mot est unique
B	3	2 : elle / l'	*Elle* reprend la police. *l* = le braqueur
C	3	2 : elle / l'	*Elle* reprend la police. *l'* = le braqueur
D	3	2 : il / l'	*Il* reprend le policier. *l'* = le braqueur
E	3	2 : il / l'	*Il* reprend le policier. *l'* = le braqueur
F	3	2 : il / l'	*Il* reprend le policier. *l'* = le braqueur

Nous avons donc dans les exemples B, C, D, E, F trois mots phoniques, et deux pronoms personnels surnuméraires.
Ces exemples se construisent en suivant la pensée du locuteur.
Ils sont constitués d'un noyau qui exprime ce qui s'est passé : *il l'a arrêté.* Les deux autres mots phoniques expliquent qui est le sujet (*la police / le policier*) et qui est l'objet direct *(le braqueur).*
Ainsi, le locuteur frappé par la présence de la police commencera par *la police* ou *le policier*, et mettra ce mot phonique en premier (B, C, D), alors que celui qui est impressionné par le braqueur commencera par le mot phonique correspondant (E), et celui que les faits intéressent en premier commencera par le noyau (F).

Dans B et C, il est facile de décoder le **noyau (pronom sujet + verbe + complément de la valence)** *elle l'a arrêté. Elle*, féminin, c'est la police. *L'*, c'est le braqueur que *la police* a arrêté. La syntaxe nous permet de reconnaître le sujet. L'autre personnage, représenté par *l'*, ne peut donc être que *le braqueur*, C.O.D.

Dans D, E et F, nous retrouvons le noyau (pronom sujet + verbe + complément de la valence), et les deux mots phoniques chargés de les définir, mais, grammaticalement parlant, on ne peut pas savoir qui arrête qui, puisque « il » et « l'» sont tous les deux masculins/singuliers.
Ce qui nous aide, c'est la pragmatique : d'après notre expérience, c'est le policier qui arrête le braqueur, et non pas le contraire. Nous avons recours ici à un raisonnement par l'absurde.

Nous voyons donc que l'intonation permet d'installer ici un système couplant une définition à un pronom personnel.
Quand on parle, il faut réfléchir, puis, parler. L'emploi de termes redondants permet d'avoir plus de temps pour réfléchir, pour mettre en forme ses idées.

De même, on emploie des temporisateurs qui freinent le discours et permettent de gagner du temps : *en fait, si vous voulez, n'est-ce pas, voyez-vous, et tout le reste, etc*. Et il en existe encore un nombre impressionnant d'autres.

Moins le locuteur est habitué à expliquer par oral, moins le discours sera économe et précis, et plus l'intonation sera sollicitée. En revanche, plus il sera à l'aise, plus il sera conscient de ce qu'il dit, plus il se rapprochera de l'idéal de Boileau : *« Ce qui se conçoit bien s'énonce clairement, et les mots pour le dire arrivent aisément. »* En outre, l'oral se rapprochera d'autant plus de l'écrit.

4.1.2 Influence sur l'écrit

L'écrit se construit comme l'oral, en mots phoniques. Le mot phonique du nom sujet correspondra au *syntagme nominal*, et le mot phonique du verbe principal au *syntagme verbal*.

L'ordre des mots peut être très différent selon les langues. Cela se remarque lorsque l'on essaie de traduire en tant qu'interprète une phrase allemande en français :

- o Allemand : *Er hat ihr einen Brief* geschrieben, *weil er sie seit langer Zeit* liebt.
- ⊖ Entre deux : * ~~Il a lui une lettre~~ écrit ~~parce qu'il la depuis longtemps~~ aime.
- o Français : Il lui a écrit une lettre parce qu'il l'aime depuis longtemps.

Celles et ceux qui ne connaissent pas l'allemand s'étonneront de ce que le participe passé (geschrieben) se place à la fin de la proposition principale, et que le verbe conjugué de la subordonnée (liebt) soit envoyé à la fin de cette subordonnée. L'interprète devra mémoriser les mots situés après la forme verbale et attendre la fin de la proposition pour traduire le verbe à la bonne place. Il lui faudra ensuite rattraper le retard en traduisant les mots qu'il avait déjà entendus et mémorisés, alors qu'il était encore trop tôt pour les traduire.

Le même travail sur l'écrit est plus facile, car on peut prendre des notes avant d'écrire la version définitive. Et si l'on utilise un ordinateur, on peut même déplacer les mots sans problèmes, et de plus, faire disparaître toutes les traces d'hésitations.

4.2 L'affirmative

Comme nous avons eu l'occasion de le voir, la prosodie intervient à plusieurs niveaux :

- A celui de la phrase pour former les mots phoniques (niveau, accent tonique, durée).
- A celui des syllabes par le déplacement des consonnes formant la liaison, et par l'élision de voyelles.
- Au niveau des phonèmes, pour transformer des sourdes en sonores, des nasales en orales, des voyelles en semi-consonnes.

4.2.1 Les mots phoniques

La phrase orale française type se construit en mots phoniques, qui correspondent à une nécessité syntaxique.

Le premier, le mot phonique du nom sujet, correspond à un syntagme nominal.

Le second, le mot phonique du verbe principal, correspond à un syntagme verbal.

Par exemple :

✦ *La jeune fille écrit une lettre à son amoureux.*

[la-ʒœn-fij / e-kʁi-yn-lɛ-tʁa-sɔ̃-na-mu-ʁø //]

[la-ʒœn-fij / e-kʁi-yn- lɛ-tʁa-sõ-na-mu-ʁø //]

Le premier mot phonique commence au niveau 2 et se termine à la fin au niveau 3, signe que le mot est terminé, mais que la phrase continue. Le deuxième commence aussi au niveau 2 et se termine au niveau 1, signe que mot phonique et phrase sont tous deux terminés.

4.2.1.1 Le découpage en mots phoniques
Quand faut-il envisager de découper un mot phonique ?

❏ *Quand il devient trop long*
Quand il devient trop long, et que l'on craint de manquer d'air avant la fin.
✦ *La jeune fille écrit une lettre d'amour d'une trentaine de pages à son amoureux.*
[la-ʒœn-fij / e-kʁi-yn-lɛ-tʁ-da-muʁ-dyn-tʁɑ̃-tɛn-də-pa-ʒa-sɔ̃-na-mu-ʁø //]

Le verbe a la valence *écrire qc à qn*. Nous avons là un C.O.D. (=qc) et un complément second (anciennement complément d'attribution) (= à qn). Ce dernier commence par une préposition, *à* : c'est donc lui que nous allons choisir pour l'isoler dans son propre mot phonique.
[la-ʒœn-fij / e-kʁi-yn-lɛ-tʁ-da-muʁ-dyn-tʁɑ̃-tɛn-də-paʒ / a-sɔ̃-na-mu-ʁø //]
On notera que le [ʒ] de [paʒ] , qui avait été placé dans l'attaque de la première syllabe de [ʒa-sɔ̃-na-mu-ʁø], établissant une liaison entre les deux syllabes , a réintégré sa syllabe d'origine dont il assure la coda : [paʒ] . N'oublions pas qu'une liaison est impossible d'un mot phonique à l'autre.
Remarque : on pourrait penser qu'une phrase écrite peut être longue sans problème pour le scripteur, puisque l'on peut très bien reprendre son souffle lors d'une lecture silencieuse.
Pourtant, même lorsque l'on lit en silence, on reconstitue la phrase écrite sous une forme orale dans sa tête, et le fait qu'une phrase soit trop longue dérange alors, et il est conseillé de l'alléger... A moins que l'on ne soit un virtuose de la langue comme Gustave Flaubert ou Marcel Proust, qui nous ont laissé des phrases monumentales.

Notez que les compléments d'objets directs, de même que les compléments de noms ou d'adjectifs et les compléments d'agent ne peuvent pas être séparés du mot auquel ils se rapportent sous peine d'altération du sens de la phrase. Voici quelques exemples types à étudier et à retenir :

N°	Complément	solidaire	Exemples
1	COD *Une pizza*	Du verbe *Manger qc*	*La cliente mange une pizza.* [la-cli-jɑ̃t / mɑ̃-ʒyn-pi-tza //]
2	Complément de nom *Du restaurant*	Nom *La cliente*	*La cliente du restaurant mange une pizza.* [la-cli-jɑ̃t-dy-ʁɛs-to-ʁɑ̃ / mɑ̃-ʒyn-pi-tza //]
3	Complément de l'adjectif *De vie*	De l'adjectif *plein*	*Le chaton est plein de vie.* [lə-ʃa-tɔ̃ / ɛ-plɛ̃-də-vi //]
4	Complément d'agent *Par ses grands parents*	Du verbe *A été élevé*	*Il a été élevé par ses grands-parents.* [i-la-e-te-e-lə-ve-paʁ-se-gʁɑ̃-pa-ʁɑ̃ //]

❏ *Quand il contient des compléments circonstanciels*
Les compléments circonstanciels peuvent occuper des places diverses selon les besoins et constituer leur propre mot phonique.
Nous avons déjà eu l'occasion d'étudier ce cas plus haut.
Contrairement aux compléments de la valence, dont l'emploi ne permet pas de très grandes variations de places, les compléments circonstanciels sont mobiles.
▶*Lorsque le complément circonstanciel joue un rôle essentiel*, (par exemple, lorsqu'il répond à une question) il fait partie du mot phonique du verbe.
✦ *Quand est-elle venue ?*
La directrice est venue hier matin.
[la-di-ʁɛk-tris / e-ve-ny-jɛʁ-ma-tɛ̃]

[la- di - ʀɛk-tris / e - ve - ny - jɛʀ-ma- tɛ̃ //]

►*Mais lorsque son contenu est déjà connu des deux interlocuteurs*, il sera placé dans son propre mot phonique, avant le mot phonique du sujet.

✦ *Qu'a-t-elle fait hier matin ?*

Hier matin, elle a téléphoné au rectorat.

[jɛʀ-ma-tɛ̃ / ɛ-la-te-le-fo-ne-o-ʀɛk-to-ra]

[jɛʀ-ma- tɛ̃   / ɛ - la - te - le - fo - ne -o. -ʀɛk-to - ra//]

❑ *Dans le cas d'une parenthèse basse*

Lorsqu'un fait est connu, on peut aussi le placer à la fin de la phrase dans une parenthèse basse.

✦ *Qu'a-t-il fait hier matin ?*

Il a réparé le robinet, hier matin.

[il-a-ʀe-pa-ʀe-lə-ʀo-bi-nɛ / jɛʀ-ma-tɛ̃ //] *(parenthèse basse. Information secondaire)*

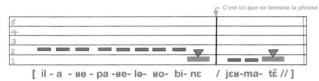

C'est ici que se termine la phrase

[il - a - ʀe - pa -ʀe- lə- ʀo- bi- nɛ   / jɛʀ-ma- tɛ̃ //]

La parenthèse basse commence après la fin de la phrase (niveau 1) et reste tout le temps à ce niveau 1. Seule la dernière syllabe est accentuée.

[il-a-ʀe-pa-ʀe-lə-ʀo-bi-nɛ-jɛʀ-ma-tɛ̃ //] (information essentielle)

[il-a-ʀe-pa-ʀe-lə-ʀo-bi-nɛ / jɛʀ-ma-tɛ̃ //] (si le mot phonique est trop long)

Attention :

✦ *Il a réparé le robinet hier matin. (Quand a-t-il réparé le robinet ?)*

[il-a-ʀe-pa-ʀe-lə-ʀo-bi-nɛ-jɛʀ-ma-tɛ̃ //] (information essentielle)

[il - a - ʀe - pa -ʀe- lə- ʀo- bi- nɛ / jɛʀ-ma- tɛ̃ //]

✦ *Il a réparé le robinet hier matin. (Quand a-t-il réparé le robinet ?)* information essentielle

[il-a-ʀe-pa-ʀe-lə-ʀo-bi-nɛ / jɛʀ-ma-tɛ̃ //] (si le mot phonique est trop long)

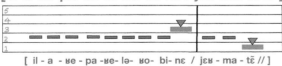

[il - a - ʀe - pa -ʀe- lə- ʀo- bi- nɛ / jɛʀ - ma - tɛ̃ //]

✦ *Il a réparé le robinet, hier matin. (Qu'a-t-il fait, hier matin ?)*
[il-a-ʁe-pa-ʁe-lə-ʁo-bi-nɛ / jɛʁ-ma-tɛ̃ //] (parenthèse basse. Info secondaire)

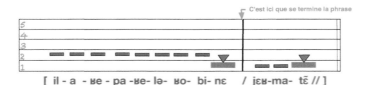
[il - a - ʁe - pa -ʁe- lə- ʁo- bi- nɛ   / jɛʁ-ma- tɛ̃ //]

La phrase se termine (niveau 1) avant la parenthèse basse, elle-même en totalité au niveau 1.

Le robinet doit se trouver à la fin de la phrase. La parenthèse agit comme un rappel, situé après la fin de la phrase. On a atteint le niveau 1 avec une syllabe accentuée (-nɛ). Ce qui vient après, et qui se prononce entièrement au niveau 1, est une parenthèse basse, contenant un rappel déjà connu.

✦ *Qu'a fait le professeur, ce matin ?*
Le professeur a expliqué à ses élèves l'accord du participe, ce matin.
[lə-pʁo-fɛ-sœʁ / a-ɛks-pli-ke-a-se-ze-lɛv-la-kɔʁ-dy-paʁ-ti-sip / sə-ma-tɛ̃ //]

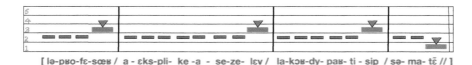
[lə-pʁo-fɛ-sœʁ / a - ɛks-pli- ke -a - se-ze- lɛv/ la-kɔʁ-dy- paʁ- ti - sip / sə- ma- tɛ̃ //]

✦ *Jules serait un fils modèle ? Il a tué son propre père, le fils modèle.*
[i-la-tɥe-sɔ̃-pʁɔ-pʁə-pɛʁ / lə-fis-mo-dɛl //]

[i - la -tɥe- sɔ̃- pʁɔ-pʁə-pɛʁ / lə-fis- mo-dɛl //]

On retrouve cette même flexibilité avec les pronoms personnels toniques :
✦ *Lui, je le connais.* (en début de phrase).
[lɥi / ʒə-lə-ko-nɛ //]

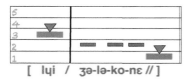
[lɥi / ʒə-lə-ko-nɛ //]

Le pronom [lɥi /] se trouve au niveau 3, et non pas 2, car il est la dernière syllabe du mot phonique du pronom. Il faut deux syllabes pour que la première soit au niveau 2, le niveau du début)

✦ *Je le connais, lui.* (Parenthèse basse)
[ʒə-lə-ko-nɛ / lɥi //]

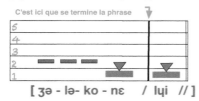
[ʒə - lə- ko - nɛ   / lɥi //]

La parenthèse basse se trouve en totalité au niveau 1. Elle reprend le pronom *le* de *je le connais*.

Ainsi, l'écrit suit les principes de l'oral en ce qui concerne les mots phoniques.
C'est la ponctuation qui montre la séparation en mots phoniques, sauf lorsque l'on a affaire aux deux mots phoniques de base. Dans ce cas, aucun signe ne vient montrer la frontière entre eux.
Mais si on lit à haute voix, on est obligé, comme dans l'oral libre, de respecter les variations du F_0.

4.2.1.2 Les syllabes dans le mot phonique

Un mot phonique se compose d'un certain nombre de syllabes, comme nous l'avons décrit plus haut. Mais là, l'écrit et l'oral ne coïncident pas.

Prenons l'exemple déjà discuté plus haut :

✦ *Le professeur a expliqué à ses élèves l'accord du participe.*

[lə-pʁo-fɛ-sœʁ / a-ɛks-pli-ke-a-se-ze-lɛv-la-kɔʁ-dy-paʁ-ti-sip //]

Lorsque l'on observe la phrase écrite, on reconnaît les mots, même si certains sont incomplets, comme *l'* (=*le* ou *la*), ou en plusieurs parties comme *a expliqué*(=*expliquer*).

On reconnaît sans peine les accords : *le professeur a* (3e personne du singulier) ou *ses élèves ont* (pluriel).

A l'oral, la phrase est plus difficile à décoder si l'on n'est pas habitué au français. En effet, une fois que l'on a entendu les syllabes, il faut effectuer dans sa tête le tri inverse en remettant les consonnes qui ont translaté à leur place dans la syllabe d'origine.

4.2.1.3 Élision du [ə] (et du [a] dans les déterminants)

Pour limiter la longueur des mots phoniques, on pratique en français l'élision du « e », plus rarement celle du « a » ou du « i ».

A cela s'ajoute la tendance du français à éviter le hiatus, contact jugé disgracieux entre deux voyelles (ex : *chaos* [ka-o])

Ainsi, sont touchés :

- Les articles : *le, la* ➜ *l'* devant voyelle ou h muet.
- Les pronoms personnels : *je, me, te, se* ➜ *j' m', t', s'* devant voyelle ou h muet.
- Les pronoms démonstratifs : *ce* ➜ *c'* devant voyelle ou h muet.
- La préposition : *du, de* ➜ *d'* devant voyelle ou h muet.

4.2.1.4 Élision du i dans « si »

La conjonction « *si* » devant « *il/ils* »

✦ *Si elle veut* ➜ *s'il veut*

4.2.1.5 Les déplacements de consonnes

4.2.1.5.1 *A caractère technique*

Lorsqu'une syllabe commence par une voyelle, on essaie de se servir de la dernière consonne de la coda de la syllabe d'avant :

✦ *Elle danse avec une aisance incroyable.*

[ɛl-dɑ̃-sa-vɛ-ky-nɛ-zɑ̃-sɛ̃-kʁwa-jabl //]

Les mots : *avec, une, aisance* et *incroyable*, qui commencent par une voyelle vont chercher une consonne dans la coda des syllabes situées juste avant.

4.2.1.5.2 *A caractère grammatical*

Dans certains cas, la présence ou l'absence d'une consonne de liaison permet d'identifier le genre ou le nombre d'un nom ou d'un adjectif.

Voyons les exemples suivants :

N°	exemple	API	Remarques
1	Un petit ami.	[œ̃-pə-ti-ta-mi]	[œ̃] masculin, singulier [ti-ta] singulier
2	Une petite amie.	[yn-pə-ti-ta-mi]	[yn] féminin, singulier [ti-ta] singulier
3	Des petits amis.	[de-pə-ti-za-mi]	[de] pluriel [ti-za] masculin, pluriel
4	Des petites amies.	[de-pə-tit-za-mi]	[de] pluriel [tit-za] féminin, pluriel
5	Un grand ami	[œ̃-gʁɑ̃-ta-mi]	[œ̃] masculin, singulier [gʁɑ̃-ta] masculin, singulier
6	Une grande amie.	[yn-gʁɑ̃-da-mi]	[yn] féminin, singulier [gʁɑ̃-da] féminin, singulier
7	Des grands amis.	[de-gʁɑ̃-za-mi]	[de] pluriel [gʁɑ̃-za] masculin, pluriel
8	Des grandes amies.	[de-gʁɑ̃d-za-mi]	[de] pluriel [gʁɑ̃d-za] féminin, pluriel

A l'écrit, les signes propres au féminin et au pluriel sont redondants : on reconnaît le féminin à l'article (*la/une*), au *e* qui a été ajouté à l'adjectif (*petite / grande*), et par ricochet le masculin à l'article (*le/un*) et à l'absence de *e* à l'adjectif. On reconnaît le pluriel au *s* ajouté à l'article (*les/des*), à l'adjectif (petit*s*/grand*s*) et au nom (ami*s*/amie*s*).

A l'oral, il faut chercher les signes. En particulier, on remarque :

➜ Que l'article (*un* **[œ̃]** / *une* **[yn]** /*des* **[de]**) joue le même rôle.

➜ Que la liaison entre l'adjectif et le nom donne des indications utiles :

[de-pə-ti-za-mi] / **[de-pə-tit-za-mi]** la présence du {t} **[tit-za]** dans la coda de la syllabe montre que *petit* est au féminin : *petite*.

Pour ce qui est de {grand} **[gʁɑ̃]**

- o **[œ̃-gʁɑ̃-ta-mi]** le **[t]** de la liaison montre que *grand* est au masculin.
- o **[yn-gʁɑ̃-da-mi]** le **[d]** de la liaison montre que *grand* est au féminin : *{grande}*.
- o **[de-gʁɑ̃-za-mi]** / le **[z]** de **[gʁɑ̃-za-mi]** montre que *grand* est pluriel, l'absence de **[d]** qu'il est au masculin : *{grands}*.
- o **[de-gʁɑ̃d-za-mi]** / le **[z]** de **[gʁɑ̃d-za-mi]** montre que *grand* est pluriel, la présence d'un **[d]** qu'il est au féminin : **[-gʁɑ̃d-]** *{grandes}*

4.2.1.5.3 Les liaisons spéciales

Lorsque l'on fait une inversion du pronom sujet *il /elle*, on se sert de la consonne (*{t} / {d}*) qui termine la conjugaison du verbe pour faire une liaison :

Vient-il **[vjɛ̃-til]** / **[vjɛ̃-tɛl]** *vient-elle* .

Prend-il **[pʁɑ̃-til]** / *prend-elle* **[pʁɑ̃-tɛl]** . (le *{d}* devient sourd, et se prononce **[t]**).

Lorsque le verbe se termine par une voyelle, on ajoute, par analogie avec les cas ci-dessus, un *{-t-}* : *Comment va-t-elle* **[kɔ-mɑ̃-va-tɛl]**.

4.2.1.5.4 Les adjectifs à double version au masculin / singulier

Trois adjectifs ont deux versions au masculin : une version devant consonnes, une autre devant voyelle ou h muet.

- ▪ *Un vieil* **[vjɛj]** *homme*. / *un vieux* **[vjø]** *monsieur.*
- ▪ *Un bel* **[bɛl]** *appartement. Un beau* **[bo]** *studio.*
- ▪ *Le nouvel* **[nuvɛl]** *an. Un nouveau* **[nuvo]** *mois*

 Notons que c'est la présence simultanée de *un /le* et de l'adjectif qui nous montre qu'il s'agit d'un masculin. Sinon, l'adjectif féminin, qui est à l'écrit différent du masculin, est identique à l'oral :

- ▪ *Un vieil* **[vjɛj]** *homme*. / *une vieille* **[vjɛj]** *femme*
- ▪ *Un bel* **[bɛl]** *appartement. Une belle* **[bɛl]** *maison*
- ▪ *Le nouvel* **[nuvɛl]** *an. La nouvelle* **[nuvɛl]** *société*

4.3 L'interrogative

L'interrogative fait partie de l'intonation non marquée. Elle permet de demander une confirmation générale ou d'acquérir un renseignement sur un détail.

4.3.1 L'interrogative orale et l'interrogative écrite

Il y a trois manières au moins de poser une question :

- ▪ Avec inversion :
    - o *Tes sœurs ont-elles fait des études ?*
    - o *A qui ton père a-t-il vendu sa voiture ?*
- ▪ Sans inversion avec *est-ce-que* :

- ○ *Est-ce que tes sœurs ont fait des études ?*
- ○ *A qui est-ce que ton père a vendu sa voiture ?*
- Par l'intonation :
  - ○ *Tes sœurs ont fait des études ?*
  - ○ *Ton père a vendu sa voiture à qui ?*

Remarques : Ces trois versions ont la même fonction, mais elles relèvent de trois niveaux de style différents :

- *L'interrogation par inversion* dénote un excellent style, mais encore faut-il maîtriser l'inversion par le pronom personnel. Notons que l'emploi de ce style paraîtra excellent à l'écrit, mais un peu snob à l'oral.
- *L'intonation sans inversion grâce à l'emploi d'{est-ce que}* dénote un niveau honnête, digne de l'écrit comme de l'oral.
- *La version par l'intonation* est utilisable à l'oral, dans la vie courante. Mais elle paraît un peu trop familière pour l'écrit, et même pour l'oral quand on s'adresse à des gens possédant un bon niveau de style.

4.3.2 Les deux types d'interrogation : totale / partielle

Lorsque l'on pose une question, on peut poursuivre deux buts différents :

☞ On veut avoir confirmation (ou non) de la véracité d'une thèse. L'interrogation est totale.

✦ *Tes sœurs ont-elles fait des études ?*

La réponse sera *oui* (si c'est le cas), *non* (si ce n'est pas le cas), *je ne sais pas* ou *peut-être* si l'interlocuteur n'est pas au courant.

☞ On veut avoir des détails précis sur une information dont on connaît l'existence. L'interrogation est alors partielle.

✦ *Ton père a vendu sa voiture à qui ?* On veut connaître le bénéficiaire de l'opération.

✦ *Ton père a vendu sa voiture combien ?* On veut connaître le montant de l'opération.

La réponse portera sur le détail qui manque.

4.3.2.1 L'interrogation totale

Lorsque l'on formule une interrogation totale, on n'utilise aucun mot interrogatif.

✦ *Tes sœurs ont-elles fait des études ?*

4.3.2.2 L'interrogation partielle

Lorsque l'on formule une interrogation partielle, on utilise un mot interrogatif, celui qui amènera la réponse escomptée.

✦ *Où tes sœurs ont-elles fait des études ?*

→ A l'Université libre de Berlin. (Freie Universität Berlin)

✦ *Pourquoi tes sœurs ont-elles fait des études ?*

→ Parce qu'elles aiment apprendre.

✦ *Quand tes sœurs ont-elles fait des études ?*

→ De 1994 à 2001.

4.3.2.3 La répartition des mots phoniques

Comme dans le cas de l'affirmative, l'intonation prend en charge la répartition du contenu en mots phoniques.

4.3.2.3.1 L'interrogative totale.

Il y a trois façons de poser une interrogative totale à l'oral. :

Avec inversion :

✦ *Tes sœurs ont-elles fait des études ?*

[te-sœʁ / ɔ̃-tɛl-fɛ-de-ze-tyd //]

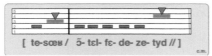

Sans inversion avec *est-ce-que* :

    ✦ *Est-ce que tes sœurs ont fait des études ?*

[ɛs-kə-te-sœʁ / ɔ̃-fɛ-de-ze-tyd //]

Par l'intonation :

    ✦ *Tes sœurs ont fait des études ?*

[te-sœʁ / ɔ̃-fɛ-de-ze-tyd //]

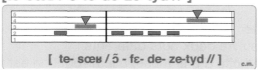

Notons que seules les deux premières versions sont possibles à l'écrit, la troisième, utilisant l'intonation, n'étant possible qu'à l'oral. Il reste bien sûr possible d'employer cette forme à l'écrit à condition qu'il soit clair que l'on rapporte par écrit un texte parlé :

    ✦ *Alors, elle me demanda : « Tu veux quoi ? »*

4.3.2.3.2 L'interrogative partielle.

Il y a trois manières au moins de poser une question partielle :
Avec inversion :

    ✦ *A qui ton père a-t-il vendu sa voiture ?*

[a-ki / tɔ̃-pɛʁ / a-til-vɑ̃-dy-sa-vwa-tyʁ //]

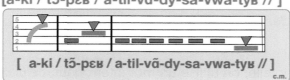

Sans inversion avec *est-ce-que* :

    ✦ *A qui est-ce que ton père a vendu sa voiture ?*

[a-ki / ɛs-kə-tɔ̃-pɛʁ / a-vɑ̃-dy-sa-vwa-tyʁ //]

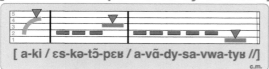

Par l'intonation :

    Ton père a vendu sa voiture à qui ?

    ✦ [tɔ̃-pɛʁ / a-vɑ̃-dy-sa-vwa-ty-ʁa-ki //]

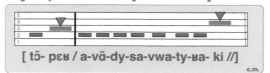

Là aussi, cette troisième version est réservée à l'oral (ou à une transcription écrite d'un texte oral au discours direct).

4.3.2.3.3 La parenthèse haute

✦ *Il a vendu sa voiture à qui, ton père ?*

[i-la-vɑ̃-dy-sa-vwa-ty-ʁa-ki / tɔ̃-pɛʁ //]

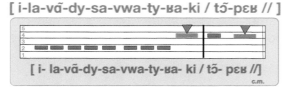

[i- la-vɑ̃-dy-sa-vwa-ty-ʁa- ki / tɔ̃- pɛʁ //]

La phrase proprement dite se termine au niveau 4 (fin de la question avec mot interrogatif à la fin : {qui} = [ki] . {Ton père}, dont on a déjà parlé, est une parenthèse haute, et se trouve donc entièrement au niveau 4.

La parenthèse haute est donc semblable et symétrique à la parenthèse basse : elle se trouve au dernier niveau atteint par la phrase.

4.3.3 Les problèmes de pronoms

Parmi les mots interrogatifs que l'on connaît, tous peuvent recevoir l'accent tonique, sauf un, le pronom interrogatif *que*, lorsqu'il n'est pas employé à la *place protégée*, celle qui est réservée aux pronoms interrogatifs situés en début de phrase.

Bien sûr, lorsqu'il se trouve en tête de phrase, il peut être soumis à l'accent tonique de la syllabe « en cloche » réservée aux mots interrogatifs.

✦ *Que mangez-vous ?*

[kə/mɑ̃-ʒe-vu //]

[kə / mɑ̃-ʒe-vu //]

Ici, {que} = [kə/] se trouve à la position réservée aux pronoms interrogatifs, en tête de phrase, une *place protégée* donc. Ainsi, il peut recevoir l'accent tonique.

Mais lorsqu'il se trouve placé en fin de phrase, dans une place non protégée, on devra le remplacer par *quoi* = [kwa], ce pronom supportant l'accent tonique.

✦ *Vous mangez quoi ?*

[vu-mɑ̃-ʒe-kwa //]

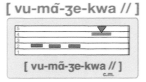

[vu-mɑ̃-ʒe-kwa //]

Le pronom interrogatif (à l'origine, *{que}*) se retrouve à la fin de la phrase, en position de recevoir l'accent tonique. Pour qu'il puisse être accentué, on le remplace par quoi *{quoi}* [kwa].

4.3.4 Quelques variantes courantes

Le système tel que nous l'avons présenté est cohérent, et il peut être enseigné sans problème. Il correspond à une intonation sans emphase, ne contenant aucune intention particulière ni aucune émotion incontrôlable.

4.3.4.1 Voix et autorité

Pourtant, il suffit d'écouter autour de soi pour se rendre compte qu'il y a des variantes.

Il y a d'abord les enseignantes ou enseignants qui, pour établir leur autorité malgré leur voix fluette, remplacent la variation d'intensité vers une voix plus forte en dB par une augmentation de la fréquence vers une voix plus aiguë. Le résultat est, outre une fatigue plus grande des cordes vocales, pouvant aller jusqu'à une extinction de voix, une voix qui monte dans les aigus, donnant l'impression d'une fausse évidence (cf. le patron intonatif de l'évidence § 3.4.3) confinant à l'hystérie.

4.3.4.2 Les variantes selon les minorités

Certaines minorités de la population peuvent avoir une intonation particulière. Par exemple, les gens des cités, souvent d'origine étrangère et qui ont tendance à employer l'intonation de leur langue d'origine.

Il y a aussi les jeunes, pour lesquels l'intonation est un signe d'appartenance à une catégorie de la population, celle des jeunes de leur quartier.

Mais il y a, à l'autre bout du spectre, les snobs, les bobos, qui veulent aussi être reconnus comme tels.

4.3.4.3 Dans l'interrogation, atteindre le niveau 4 est nécessaire et suffisant.

Lorsque l'on pose une question avec un mot interrogatif placé au début de l'interrogative (ici *qui*), on atteint par un glissando démarrant au niveau 2 le niveau 4, qui est typique de l'interrogative.

✦ *A qui est-ce que ton père a vendu sa voiture ?*

[a-ki / ɛs-kə-tɔ̃-pɛʁ / a-vɑ̃-dy-sa-vwa-tyʁ //]

[a-ki / ɛs-kə-tɔ̃-pɛʁ / a-vɑ̃-dy-sa-vwa-tyʁ //]

La dernière syllabe, ici [tyʁ //], se situe au niveau 1.

Certains trouvent que cela ne suffit pas et remontent sur cette dernière syllabe jusqu'au niveau 4 pour les plus courageux, ou encore trois, voire 2 pour ceux qui veulent épargner leurs forces.

Ceci n'est pas nécessaire et n'apporte rien de plus. L'important est d'atteindre le niveau 4.

4.3.4.4 Le cas de « est-ce-que »

Est-ce que n'est pas un mot interrogatif. C'est un moyen qui permet d'éviter l'inversion. Il doit être intégré dans le texte :

Au discours direct, au début de la phrase dans l'interrogation totale.

✦ *Est-ce que tes sœurs ont fait des études ?*

[ɛs-kə-te-sœʁ / ɔ̃-fɛ-de-ze-tyd //]

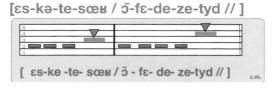

[ɛs-ke -te- sœʁ / ɔ̃ - fɛ- de- ze-tyd //]

Juste après le mot interrogatif, au début du mot phonique immédiatement situé après celui du mot interrogatif.

✦ *A qui est-ce que ton père a vendu sa voiture ?*

[a-ki / ɛs-kə-tɔ̃-pɛʁ / a-vɑ̃-dy-sa-vwa-tyʁ //]

[a-ki / ɛs-kə-tɔ̃-pɛʁ / a-vɑ̃-dy-sa-vwa-tyʁ //]

⚠ Attention : au discours indirect, *est-ce-que* est inusité.

4.3.4.5 Réflexions sur l'interrogation par l'intonation

L'interrogation par l'intonation permet de simplifier la formation de l'interrogative : on évite la montée dès le début de la phrase, et on évite l'inversion.

Cependant, il faut réserver cette version à l'oral, d'abord parce que c'est une méthode très familière, et que, par écrit, on est plus chic d'un niveau. En outre, parce que la différence à l'écrit entre l'affirmative et l'interrogative se limite à un tout petit point d'interrogation, alors que par oral, une montée au niveau 4 passe beaucoup moins inaperçue.

Voici un exemple contenant en haut, la question, en bas, l'affirmation :

✦ *Tes sœurs ont fait des études ?*
[te-sœʁ / ɔ̃-fɛ-de-ze-tyd //]

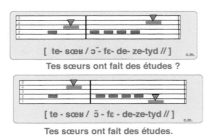

Tes sœurs ont fait des études ?

Tes sœurs ont fait des études.

✦ *Tes sœurs ont fait des études.*
[te-sœʁ / ɔ̃-fɛ-de-ze-tyd //]

4.4   Le discours rapporté : discours indirect

Dans le discours rapporté, une personne rapporte les paroles d'un autre locuteur.
Il y a trois façons de procéder :

- *Le discours direct*, où l'on rapporte les paroles du locuteur sans rien y changer :
  - ○   ✦ *L'accusé a répondu : « Ah ben non, alors, je suis pas coupable ! »*
- *Le discours indirect*, où l'on intègre les paroles du locuteur dans notre propre système en utilisant des conjonctions pour l'introduire :
  - ○   ✦ *L'accusé a répondu en protestant qu'il n'était pas coupable.*
- *Le discours semi-direct*, qui ressemble au discours indirect, mais sans l'emploi de conjonction :
  - ○   ✦ *L'accusé a protesté. Selon lui, il n'était pas coupable.*

4.4.1   Le discours indirect à l'affirmative :

Nous n'avons envisagé jusqu'à présent que des cas où le locuteur ou la locutrice écrivait ou parlait en transmettant son propre message.
Mais il y a de nombreux cas où l'on est amené à reprendre les paroles de quelqu'un d'autre.
Par exemple, voici ce que Jean a raconté à Danielle :
✦ *J'ai vu Jacques il y a plusieurs semaines. Il m'a dit qu'il devait rendre son mémoire le surlendemain, et qu'il viendrait te voir lorsqu'il aurait du temps libre.*
Ceci correspond au discours direct :
✦ *J'ai vu Jacques il y a plusieurs semaines. Il m'a dit : « Je dois rendre mon mémoire aprèsdemain, et je viendrai la voir lorsque j'aurai du temps libre. »*

Au discours indirect, la structure de la phrase suit celle du discours direct. En revanche, il y a des choses qui changent :

- Le discours indirect à l'affirmative est introduit, sauf lorsque le verbe principal est à l'impératif, par la conjonction de subordination *que*.
- Le discours indirect a changé de locuteur. Au discours direct, c'était Jacques qui parlait. Au discours indirect, c'est Jean qui parle à sa place, s'adressant à Danielle.
  - ○   Il faut modifier les pronoms personnels : je il
  - ○   Il faut modifier les temps pour les rendre compatibles avec le moment où Jean parle.
  - ○   Il faut modifier les mots de temps (*aujourd'hui, hier, demain* etc.) Le demain de Jean quand il parle à Danielle n'est pas celui de Jean quand il a parlé avec Jacques.

Il arrive aussi que l'on demande à quelqu'un de répéter ce qu'il a dit. Dans ce cas, les personnes restent les mêmes, les temps aussi.

✦ *« J'ai vu Jacques hier. Il vient nous voir demain.*
— Qu'est-ce que tu dis ?
— Je dis que j'ai vu Jacques hier et qu'il vient nous voir demain. »

Attention cependant. Si l'on avait demandé à Jacques « *Qu'est-ce que **tu as dit** ?* », il aurait répondu :
« *— J'ai dit que j'**avais vu** Jacques hier et qu'il **venait** nous voir demain.* »

L'emploi du passé « *j'ai dit* » amène l'emploi de l'imparfait au lieu du présent, et le plus-queparfait au lieu du passé composé.

Attention : cas de l'impératif
L'impératif du discours direct devient *de* + infinitif.
✦ *Il m'a dit : « ferme la porte ! »*
— *Qu'est-ce qu'il t'a dit ?*
— *Il m'a dit **de fermer la porte.***

4.4.2   Le discours indirect à l'interrogative

L'emploi du discours indirect pose des problèmes à de nombreux Français. L'emploi abusif d'« *est-ce que* » et le choix aventureux des temps et des adverbes de temps sont les problèmes les plus fréquents.,

4.4.2.1 Est-ce que

Nous avons déjà évoqué *est-ce que* plus haut en disant que ce n'était pas un mot interrogatif et qu'on l'employait tout simplement pour éviter d'avoir à faire l'inversion du sujet.
Pourtant, les exemples ne manquent pas dans lesquels les locuteurs, ou les locutrices, emploient « *est-ce que* » sans raison autre que le manque de réflexion :

✦ ~~* *Elle m'a demandé pourquoi **est-ce que** mon frère ne lui avait jamais répondu.*~~
Le « *est-ce que* » est ici absolument inutile, puisque nous n'avons pas à faire d'inversion. Il aurait fallu dire :
✦ *Elle m'a demandé pourquoi mon frère ne lui avait jamais répondu.*

Voici quelques exemples sur lesquels réfléchir :
✦ *Ton père a-t-il parlé à son patron ?*
➜ *Est-ce que ton père a parlé à son patron ?*
✦ *Pourquoi ta cousine ne veut-elle pas passer le baccalauréat ?*
➜ *Pourquoi est-ce que ta cousine ne veut pas passer le baccalauréat ?*

Si l'on veut mettre ces phrases au discours indirect, on devra renoncer à l'inversion. De ce fait, on n'aura plus besoin d'« *est-ce que* ».

✦ *Je te demande si ton père a parlé à son patron.*
✦ *Elle voudrait savoir pourquoi ta cousine ne veut pas passer le baccalauréat.*

4.4.2.2 Le bon choix des expressions de temps

Voyons un exemple dans lequel une locutrice, Claudine, rapporte ce que lui a dit un locuteur, Jacques, quelques semaines auparavant :

✦ *Jacques m'a dit il y a quinze jours : « Tu vois, Claudine. Demain, je me marierai, après-demain, je divorcerai, et la semaine prochaine, je t'épouserai. »*
Admettons que Jacques ait parlé le 15 juillet 2019 et que, lorsque Claudine rapporte ses paroles, on soit le 29 juillet. Dans l'absolu, avec la date, voici le calendrier des faits :

Fait n°	Date	Les faits	Pour Jacques	Pour Claudine
1	15/07/2019	Jacques parle	Aujourd'hui	Il y a 15 jours.
2	16/07/2019	Jacques se marie	Demain	Le lendemain
3	17/07/2019	Jacques divorce	Après-demain	Le surlendemain
4	18/07/2019	Jacques épouse Claudine	La semaine prochaine	La semaine suivante
5	29/07/2019	Claudine raconte	Dans 15 jours	Aujourd'hui

Bien entendu, aujourd'hui n'est pas le même jour pour Jacques, quand il parle (15/07/2019) et pour Claudine quand elle raconte (29/07/2019).

Claudine, lorsqu'elle raconte ce qu'a dit Jacques *au discours direct*, utilise le système temporel de Jacques, puisqu'elle le fait parler. Ainsi, *aujourd'hui*, c'est le 15/07/2019, le jour-même où il a parlé.

Mais lorsqu'elle dit la même chose *au discours indirect*, elle se retrouve dans son propre système, et doit adapter donc en adopter les dates. Il n'est pas question de se servir des dates du calendrier, un *système absolu* qui serait trop compliqué à manipuler.

Elle va employer un *système relatif*, que nous allons représenter sous la forme d'un tableau ci-dessous.

Ainsi, nous aurons :

Discours direct : valeur absolue	Discours indirect : valeur relative
Il y a quinze jours	quinze jours plus tôt
Il y a une semaine	une semaine plus tôt
Avant-hier	l'avant-veille, deux jours avant
Hier	la veille, le jour d'avant, un jour avant
Aujourd'hui	le jour-même
Demain	le lendemain, le jours d'après, un jour après
Après-demain	le surlendemain, deux jours après
Dans une semaine	une semaine après, une semaine plus tard
Dans quinze jours	quinze jours plus tard, quinze jours après

On peut aussi employer *avant /après*

> *une heure avant / une heure après*
> *un mois avant / un mois après*
> *une année avant / une année après*

Ou encore *plus tôt /plus tard*

> *une heure plus tôt / une heure plus tard*
> *un mois plus tôt / un mois plus tard*
> *une année plus tôt / une année plus tard*

Ainsi, cela donnera :

✦ *Jacques m'a expliqué il y a quinze jours que le lendemain, il se marierait, que le surlendemain, il divorcerait et que, la semaine suivante, il m'épouserait. »*

🖎 Ce texte restera valable quel que soit le jour où on le racontera au discours indirect.

4.4.2.3 Les conjonctions et pronoms interrogatifs

4.4.2.3.1 Rappel

Il y a deux cas lorsque l'on pose une question :

☞ **On veut savoir si un cas est juste ou non.** On pose alors la question sans mot interrogatif.

✦ *L'examen aura-t-il lieu malgré la canicule ?*

La réponse sera alors **oui** ou **non**.

On appelle cette interrogation une *interrogation totale* (qui porte sur la totalité).

☞ **On veut connaître un détail d'un cas dont on connaît déjà une partie.** On pose alors la question avec un mot interrogatif (ou une expression interrogative) correspondant à ce que l'on veut savoir. On appelle cette interrogation une *interrogation partielle* (qui porte sur une partie de l'information).

✦ *Quand l'examen aura-t-il lieu ?*

La réponse sera alors le jour ou l'heure (ou les deux).

4.4.2.3.2 Discours indirect.

On retrouve ces deux cas au discours indirect.
Voyons d'abord comment l'on choisit les conjonctions en rappelant l'algorithme que nous avons publié dans eGrammaire . Tout dépend du discours direct.

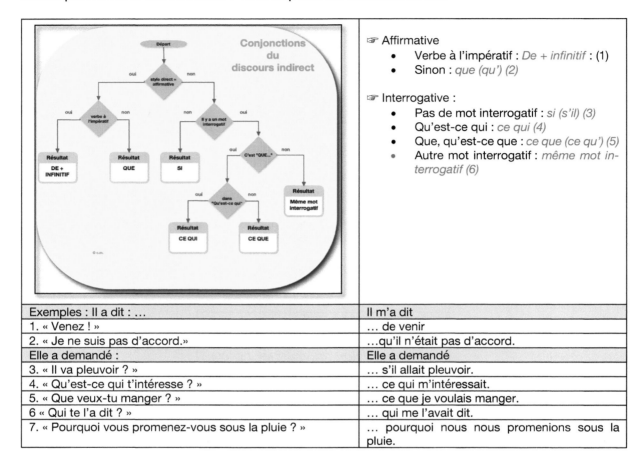

☞ Affirmative
  • Verbe à l'impératif : *De + infinitif* : (1)
  • Sinon : *que (qu')* (2)

☞ Interrogative :
  • Pas de mot interrogatif : *si (s'il)* (3)
  • Qu'est-ce qui : *ce qui* (4)
  • Que, qu'est-ce que : *ce que (ce qu')* (5)
  • Autre mot interrogatif : *même mot interrogatif* (6)

Exemples : Il a dit : …	Il m'a dit
1. « Venez ! »	… de venir
2. « Je ne suis pas d'accord.»	…qu'il n'était pas d'accord.
Elle a demandé :	Elle a demandé
3. « Il va pleuvoir ? »	… s'il allait pleuvoir.
4. « Qu'est-ce qui t'intéresse ? »	… ce qui m'intéressait.
5. « Que veux-tu manger ? »	… ce que je voulais manger.
6 « Qui te l'a dit ? »	… qui me l'avait dit.
7. « Pourquoi vous promenez-vous sous la pluie ? »	… pourquoi nous nous promenions sous la pluie.

4.4.3   L'intonation des deux formes de discours.

Il ne nous reste plus qu'à comparer les patrons intonatifs des exemples au discours direct, puis, au discours indirect.

4.4.3.1 Affirmative

1. Il a dit : « Venez. »
[i-la-di/ və-ne//]

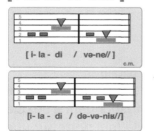

Le discours indirect est intégré dans son propre mot phonique et fonctionne comme le mot phonique du verbe, lequel est ici à l'infinitif.

Il a dit de venir.
[i-la-di / də-və-niʁ //]

2. Il a dit : « Je ne suis pas d'accord. »
[i-la-di/ ʒə-nə-sɥi-pa-da-kɔʁ//]

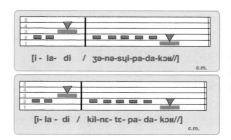

Le discours indirect est intégré dans son propre mot phonique. Il est présenté sous la forme d'une subordonnée complétive par « *que* ».

Il a dit qu'il n'était pas d'accord.
[i-la-di/ kil-nɛ-tɛ-pa-da-kɔʁ//]

4.4.3.2 Interrogative

Une interrogative au discours direct doit atteindre le niveau 4, soit à la fin lorsque l'interrogative est totale, soit sur le mot interrogatif lorsqu'elle est partielle.

3. Elle a demandé : « Il va pleuvoir ? »
[ɛ-la-də-mɑ̃-de /il-va-plø-vwaʁ//]

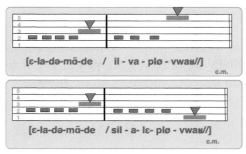

Nous avons ici une interrogative totale, sans mot interrogatif, donc.
Au discours direct, on atteint le niveau 4 à la dernière syllabe du mot phonique.
Au discours indirect, cette même dernière syllabe se retrouve au niveau 1, qui signifie : fin de mot phonique et fin de phrase. Il n'y a plus de trace de l'intonation interrogative. Seule la conjonction « *si* » montre qu'il s'agit d'une interrogative.

Elle a demandé s'il allait pleuvoir.
[ɛ-la-də-mɑ̃-de /si-la-lɛ-plø-vwaʁ//]

4. Elle a demandé : « Qu'est-ce qui t'intéresse ? »
[ɛ-la-də-mɑ̃-de / kɛs-ki-tɛ̃-te-ʁɛs//]

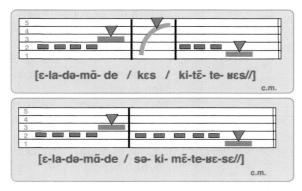

Nous avons ici une interrogative partielle, avec expression interrogative : « *qu'est-ce* », contenant l'antécédent de *qui*, « *ce* ».
Au discours direct, on atteint le niveau 4 sur la fin de « *qu'est-ce* ».
Au discours indirect, « *qu'est-ce qui* » est remplacé par « *ce qui* ». La dernière syllabe se retrouve au niveau 1, qui signifie : fin de mot phonique et fin de phrase.
Seul « *a demandé ce qui* » rappelle l'interrogative.

Elle a demandé ce qui m'intéressait. »
[ɛ-la-də-mɑ̃-de / sə-ki-mɛ̃-te-ʁɛ-sɛ//]

5. *Elle a demandé : « Que veux-tu manger ? »*
[ε-la-də-mɑ̃-de // kə-vø-ty-mɑ̃-ʒe//]

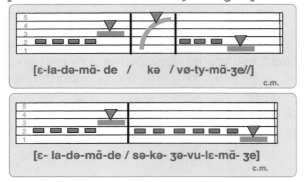

Nous avons ici une interrogative partielle, avec le pronom interrogatif : « *que* ».
Au discours direct, on atteint le niveau 4 par glissando sur ce pronom interrogatif.

Au discours indirect, « *que* » est remplacé par « *ce que* ». La dernière syllabe se retrouve au niveau 1, qui signifie : fin de mot phonique et fin de phrase.
Seul « *demande ce que* » évoque l'interrogative.

Elle a demandé ce que je voulais manger.
[ε-la-də-mɑ̃-de / sə-kə-ʒə-vu-lɛ-mɑ̃-ʒe//]

6. *Elle a demandé : « Qui te l'a dit ? »*
[ε-la-də-mɑ̃-de // ki-tə-la-di//]

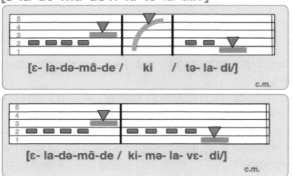

Nous avons ici une interrogative partielle, avec le pronom interrogatif : « *qui* ».
Au discours direct, on atteint le niveau 4 sur ce pronom interrogatif.

Au discours indirect, « *qui* » est conservé. La dernière syllabe se retrouve au niveau 1, qui signifie : fin de mot phonique et fin de phrase.
Seul « *demande qui* » évoque l'interrogative.

Elle a demandé qui me l'avait dit.
[ε-la-də-mɑ̃-de // ki-mə-la-vɛ-di//]

7. *Elle a demandé : « Pourquoi vous promenez-vous sous la pluie ? »*
[ε-la-də-mɑ̃-de / puʁ-kwa/vu-pʁɔ-mə-ne-vu-su-la-plɥi//]

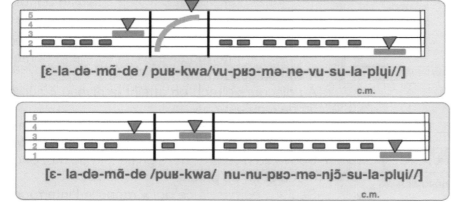

Nous avons ici une interrogative partielle, avec le pronom interrogatif : « *pourquoi* ».
Au discours direct, on atteint le niveau 4 par glissando sur ce pronom interrogatif.
Au discours indirect, « *pourquoi* » est conservé. Seul « *demande pourquoi* » évoque l'interrogative.

Elle a demandé pourquoi nous nous promenions sous la pluie.
[ε-la-də-mɑ̃-de/puʁ-kwa-nu-nu-pʁɔ-mə-njɔ̃-su-la-plɥi//]

Voyons maintenant ce qui se passe lorsque nous avons plus de mots phoniques dans la phrase.

8. ✦ *Il a demandé : « Pourquoi l'examen n'a-t-il pas lieu plus tard ? »*
[i-la-də-mɑ̃-de/puʁ-kwa/-lɛg-za-mɛ̃/-na-til-pa-ljø-ply-taʁ//]

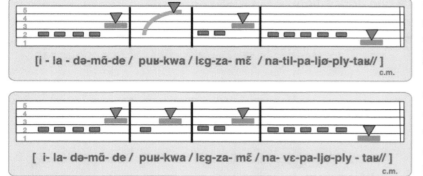

Nous avons un mot phonique supplémentaire car, dans le discours direct, le sujet est un nom « *l'examen* ». Nous avons le même nombre de mots phoniques au discours indirect. La différence, c'est que l'on n'atteint plus le niveau 4, et qu'il n'y a pas de montée en cloche sur « *pourquoi* », simplement une montée au niveau 3 sur la dernière syllabe de « *pourquoi* »

✦ *Il a demandé pourquoi l'examen n'avait pas lieu plus tard. »*
[i-la-də-mɑ̃-de/puʁ-kwa/-lɛg-za-mɛ̃/-na-vɛ-pa-ljø-ply-taʁ//]

9. ✦ *Il a demandé : « Pourquoi l'examen n'a-t-il pas lieu plus tard, cette année ? »*
[i-la-də-mɑ̃-de/puʁ-kwa/-lɛg-za-mɛ̃/na-til-pa-ljø-ply-taʁ/sɛ-ta-ne //]

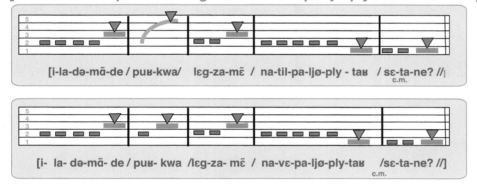

L'interrogation est partielle. La phrase se termine au discours direct au niveau 1. La parenthèse basse continue au niveau 1. C'est pareil au discours indirect.

✦ *Il a demandé pourquoi l'examen n'avait pas lieu plus tard, cette année. »*
[i-la-də-mɑ̃-de/puʁ-kwa/-lɛg-za-mɛ̃-na-vɛ-pa-ljø-ply-taʁ/sɛ-ta-ne //]

10. ✦ *Il a demandé : « L'examen n'a-t-il pas lieu plus tard, cette année ? »*
[i-la-də-mɑ̃-de/lɛg-za-mɛ̃/-na-til-pa-ljø-ply-taʁ /sɛ-ta-ne //]

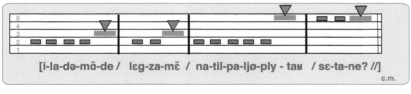

L'interrogation est totale, et se termine au niveau 4 sur la syllabe [taʁ/].
Au discours indirect, « *si...* », la syllabe finale est au niveau 1. La parenthèse haute est devenue basse, puisqu'elle est au dernier niveau atteint par la phrase, ici 1, alors qu'au discours direct, c'était 4.

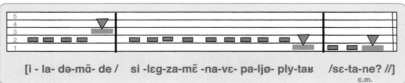

✦ *Il a demandé si l'examen n'avait pas lieu plus tard, cette année. »*
[i-la-də-mɑ̃-de/si-lɛg-za-mɛ̃-navɛ-pa-ljø-ply-taʁ/sɛ-ta-ne //]

On pourrait, puisque *cette année* est un complément circonstanciel de temps, le mettre en tête du discours indirect, juste après *si* :

◆ *Il a demandé si, cette année, l'examen/n'avait pas lieu plus tard.* »
[i̯-la-də-mɑ̃-de/si/sɛ-ta-ne/-lɛg-za-mɛ̃-na-vɛ-pa-ljø-ply-taʁ//]

On pourrait aussi avoir recours à une apposition :
◆ *Il a demandé si l'examen, cette année, n'avait pas lieu plus tard.* »
[i̯-la-də-mɑ̃-de/si-lɛg-za-mɛ/sɛ-ta-ne/--na-vɛ-pa-ljø-ply-taʁ//]

4.5   La mise en relief

Il y a au moins deux façons pour *souligner*, nous dirons aussi *mettre en relief*, un ou plusieurs mots :

- L'accent d'insistance : *La <u>France</u> est un grand pays.*
- La tournure « *c'est qui* » / « *c'est que* ». *C'est Paris qui est la capitale de la France.*

4.5.1   L'accent d'insistance

C'est un moyen propre à l'oral. Il s'agit de mettre en relief un monème en prononçant sa *première syllabe* avec un accent tonique.

Il suffit d'écouter le discours d'un homme politique qui veut, en mettant des accents d'insistance dans son discours, donner du relief à son texte oral.

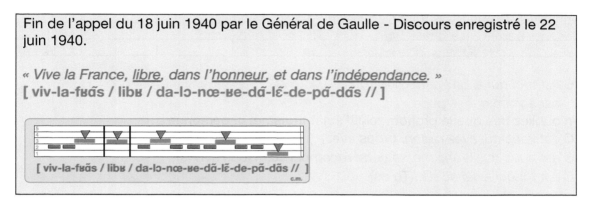

Fin de l'appel du 18 juin 1940 par le Général de Gaulle - Discours enregistré le 22 juin 1940.

« *Vive la France, <u>libre</u>, dans l'<u>honneur</u>, et dans l'<u>indépendance</u>.* »
[viv-la-fʁɑ̃s / libʁ / da-lɔ-nœ-ʁe-dɑ̃-lɛ̃-de-pɑ̃-dɑ̃s //]

La première syllabe des monèmes mis en relief reçoit un accent tonique sur sa première syllabe et se trouve réalisée au niveau 3.

Cette façon de faire, propre à l'oral, est assez facile à réaliser. Pourtant, attention ! S'il y a trop d'accents, ils perdent de leur efficacité.

Notez que l'on ne peut pas, par écrit, mettre en relief en soulignant un mot car le soulignement n'a pas de valeur définie qui serait la même pour tous. Il vaut mieux alors utiliser la solution qui suit.

4.5.2   La mise en relief par *c'est que / c'est qui*

Ce moyen syntaxique consiste à employer *c'est* avec le pronom *qui* lorsque l'on met l'accent sur le sujet principal, et *que* dans les autres cas.

Sujet : c'est … qui
✦ *Mon père a inventé le fil à couper le beurre.*
➜ *C'est mon père qui a inventé le fil à couper le beurre.*

C.O.D. : c'est … que
✦ *Vous aimez le gâteau.*
➜ *C'est le gâteau que vous aimez.*

Complément second : c'est … que
✦ *Vous donnez un livre à votre voisin.*
➜ *C'est à votre voisin que vous donnez un livre.*

Complément circonstanciel : c'est … que
✦ *Il se lève à six heures.*
➜ *C'est à six heures qu'il se lève.*

Complément d'agent : c'est ... que

✦ *Le voisin a été assassiné par ses propres enfants.*

→ *C'est par ses propres enfants que le voisin a été assassiné.*

4.5.2.1 Mise en relief et pronoms personnels

Lorsque l'on met un pronom personnel en relief, il faut choisir le pronom dans la catégorie des pronoms toniques.

Vous les trouverez dans le tableau suivant

	Préposition	Av./ap. verbe		1e pers.	2e pers.	3e pers.	
						masc.	fém.
animé	seul, avec préposition , ou après verbe	singulier		*moi*	*toi*	*lui*	*elle*
		pluriel		*nous*	*vous*	*eux*	*elles*
non-animé	à					*y*	
	de					*en*	
	autre prép.					*Prép + adv*	

✦ *C'est moi qui ai pris cette photo.*

✦ *C'est à vous que je parle.*

Et n'oubliez pas que le pronom relatif sujet transmet la personne :

✦ *C'est vous qui avez raison.* (Vous avez)

✦ *C'est nous qui avons mérité cette récompense.* (Nous avons)

✦ *C'est toi qui le lui as dit.* (Tu as)

4.5.2.2 Lorsque l'antécédent est *ce, rien, quelque chose*

Lorsque l'antécédent est *ce, rien ou quelque chose*, on a un problème : ces trois antécédents ne sont ni masculin, ni féminin. ***Ils sont donc neutres.***

Et lorsque l'antécédent est neutre, et que le pronom relatif est introduit par une préposition, on doit remplacer *que* par *quoi*.

✦ *C'est ce à quoi je pense.* (= Je pense à cela.)

✦ *C'est quelque chose à quoi nous pensons.* (= Nous pense à quelque chose.)

✦ *Il n'y a rien de quoi elle ait peur.* (= Elle n'a peur de rien)

4.5.2.3 Mise en relief et simple présentation

Remarques :

Plusieurs personnes emploient dans ce cas à peu près tous les pronoms relatifs, alors que l'on devrait pouvoir se contenter de *ce que* et de *ce qui*.

En effet, dans le cas de la mise en relief, on souligne l'antécédent (ici *son père*) de la relative introduite par *qui* ou *que* et donc l'action qui est faite sur lui (*il parle de son père*). Dans l'autre cas, on présente l'antécédent *: voici son père*, et l'on parle ensuite dans la relative de l'action que subit l'antécédent. Ce n'est donc pas une vraie mise en relief de l'action, comme celle que l'on veut faire.

✦ *Il parle tout le temps de son père.*

Mise en relief véritable → *C'est de son père qu'il parle tout le temps.* (= il parle tout le temps de son père, et de personne d'autre)

Simple présentation : → *C'est son père dont il parle tout le temps.* (Voici son père, et il parle tout le temps de lui)

> *Si vous voulez vraiment mettre en relief l'action faite sur l'antécédent, il faut employer absolument* c'est qui / c'est que.

4.6 Les déterminants

C'est la prosodie qui intervient dans l'utilisation des déterminants pour permettre la répartition en syllabes. Voyons les cas les plus importants :

4.6.1 Articles

Les articles, qui portent aussi bien le genre que le nombre, subissent un certain nombre de transformations.

☞ *L'article défini*

Le et *la* deviennent *l'* lorsqu'ils sont placés devant une voyelle ou un h muet. Cela évite le hiatus entre voyelles (*la auto [la-o-to] *l'auto* ➜ [lo-to]).

☞ *De plus :*

> * *de le* devient *du*, et * *à le* devient *au*
>
> * *de les* devient *des*, et * *à les* devient *aux*

✦ *La voiture des enfants.*

✦ *La voiture appartient aux enfants.*

4.6.2 Démonstratifs

L'adjectif démonstratif *ce* ne s'emploie que devant consonne ou h aspiré :

> ✦ *Ce livre.*
>
> ✦ *Mon père ce héros.* (Victor Hugo, *Après la bataille*)

En revanche, devant voyelle ou h muet, il devient *cet*.

> ✦ *Cet idiot.*
>
> ✦ *Cet homme.*

Lors du décodage de l'oral, le démonstratif *cet* ne permet plus de savoir si le nom est masculin ou féminin :

> ✦ *Cet ami* [sɛ-ta-mi] *Cette amie* [sɛ-ta-mi]

Alors que l'écrit nous montre si nous avons affaire à un masculin (*cet ami*) ou à un féminin (*cette amie*), l'oral ne nous permet pas de le savoir, les deux formes se disant [sɛ-ta-mi].

Il faut attendre un adjectif pour le savoir [sɛ-ta-mi-ɛ̃-tɛ-li-ʒɑ̃] ➜ *cet ami intelligent* / [sɛ-ta-mi-ɛ̃-tɛ-li-ʒɑ̃t] ➜ *cette amie intelligente* .

Mais si l'*ami* ou l'*amie* est *tranquille*, alors, on ne peut pas savoir si c'en est une (*cette*) ou si c'en est un (*cet*).

4.6.3 Possessifs

Contrairement aux adjectifs possessifs *mon, ton, son, mes, tes, ses, notre, votre, leur, nos vos leurs* , qui permettent la liaison devant voyelle ou h muet parce que leur coda contient une consonne susceptible d'être utilisée comme une liaison, *mon ami* ➜ [mõ-na-mi], *votre* ✦ *ami* ➜ [vɔ-tʁa-mi], *leurs amis* ➜ [lœʁ-za-mi] , les adjectifs possessifs *ma, ta, sa* créent un hiatus devant une voyelle ou un h muet. Ils sont remplacés respectivement par *mon, ton, son*.

Ainsi, le possessif ne nous montre plus si le nom est masculin lorsque ce dernier commence par une voyelle ou un h muet.

> ✦ *Un ami* ➜ *mon ami*. [mõ-na-mi]
>
> ✦ *Une amie* ➜ *son amie*. [sõ-na-mi]
>
> ✦ *Une histoire* ➜ *ton histoire*. [tõ-nis-twaʁ]

Voilà pourquoi beaucoup de gens ne savent plus si c'est *une* ou *un alvéole*, *une* ou *un ascenseur*, *une* ou *un appareil* etc.

4.7 Les pronoms personnels

Cette fois, c'est à l'intonation toute simple que nous allons nous intéresser.

4.7.1 Pronoms accentués

Nous avons vu plus haut que l'on ne pouvait pas soumettre à un accent tonique :
Les pronoms personnels sujets animés : *je, tu, il, elle, nous, vous, ils, elles*.
On est obligé de les remplacer par un pronom tonique :

	Préposition	av/ap verbe		1ᵉ pers.	2ᵉ pers.	3ᵉ pers.	
						masc.	fém.
animé	seul, avec préposition ,		singulier	*moi*	*toi*	*lui*	*elle*
	ou après verbe		pluriel	*nous*	*vous*	*eux*	*elles*
non-animé	à					*y*	
	de					*en*	
	autre prép.					*Prép + adv*	

Ex : ✦ *Qui s'est garé devant la porte du garage ?*

Les faits.	La Réponse 1	La réponse 2	La réponse 3
Je me suis garé là.	Moi !	C'est moi	C'est moi qui me suis garé là !
Tu t'es garé là.	Toi !	C'est toi !	C'est toi qui t'es garé là !
Il s'est garé là.	Lui !	C'est lui !	C'est lui qui s'est garé là !
Elle s'est garée là.	Elle !	C'est elle !	C'est elle qui s'est garée là !
On s'est garés là.	Nous !	C'est nous !	C'est nous qui nous sommes garés là !
Nous nous sommes garés là.	Nous !	C'est nous !	C'est nous qui nous sommes garés là !
Vous vous êtes garés là.	Vous !	C'est vous !	C'est vous qui vous êtes garés là !
Ils se sont garés là.	Eux !	C'est eux ! Ce sont eux !	C'est eux qui se sont garés là ! Ce sont eux qui se sont garés là !
Elles se sont garées là.	Elles !	C'est elles ! Ce sont elles !	C'est elles qui se sont garées là ! Ce sont elles qui se sont garées là !

4.7.2 Impératif et pronoms

A l'impératif, les pronoms personnels appartenant à la valence du verbe passent tous derrière le verbe. Voici des exemples correspondant à *donner qc à qn*.
Les compléments de la valence :

Indicatif	Impératif
Tu me prends le livre	Prends-le-moi !
Tu te prends le livre.	Prends-le-toi !
Tu lui prends le livre. (à Roger)	Prends-le-lui !
Tu lui prends le livre. (à Joséphine)	Prends-le-lui !
Tu nous prends le livre.	Prends-le-nous !
Vous vous prenez le livre.	Prenez-le-vous !
Tu leur prends le livre.	Prends-le-leur !

Les verbes pronominaux :

Indicatif	Impératif
Tu te laves les mains.	Lave-les-toi !
Nous nous lavons les mains.	Lavons-les-nous !
Vous vous lavez les mains.	Lavez-les-vous !

4.8   Problèmes de relatives.

4.8.1   Relative et ponctuation

Partons de ces deux exemples qui se ressemblent un peu :

✦ *Charlemagne, qui était le fils de Pépin le Bref, fut couronné empereur en l'an 800.*(A)

✦ *L'empereur qui a été couronné en l'an 800 était Charlemagne, le fils de Pépin le Bref.*(B)

4.8.1.1 Raisonnons sur l'écrit

Dans les deux cas, nous avons une relative introduite par *qui*, et qui se rapporte à un antécédent.

Dans le cas A, l'antécédent est *Charlemagne*. Avons-nous besoin d'une explication pour savoir de qui il s'agit ? Si vous avez bien écouté votre professeur d'histoire, vous devez savoir que Charlemagne a été couronné empereur d'Occident en l'an 800. Peut-être savez-vous même qu'il était le fils du roi des Francs Pépin le Bref et de sa femme, Berthe au grand pied (au singulier cas elle avait un pied plus grand que l'autre).

Dans le cas B, l'antécédent est *L'empereur*. Si la phrase s'arrêtait là, nous ne saurions jamais de quel empereur on nous parle. Il pourrait s'agir d'un empereur romain, ou japonais, ou encore de Napoléon Ier, voire de Bokassa, l'ancien empereur de Centrafrique. Pour le savoir, il faut que l'on nous donne des détails. Et justement, la subordonnée *qui a été couronné en l'an 800* restreint notre choix. Il ne peut s'agir que de Charlemagne.

Et la relative de l'exemple A, *qui était le fils de Pépin le Bref* ? Elle donne quelques détails intéressants, mais comme nous savons déjà que l'on nous parle de Charlemagne, elle ne nous apporte aucune information essentielle nouvelle.

Dans l'exemple A, la relative est placée entre virgules, comme une apposition. Elle a une *fonction explicative*, mais ne sert pas à définir l'antécédent.

Dans l'exemple B, la relative n'est pas placée entre virgules. Elle a une *fonction déterminative*, et sert à préciser qui est l'antécédent. Sans elle, nous, les auditeurs n'aurions pas accès aux informations les plus importantes.

4.8.1.2 Raisonnons maintenant sur l'oral

Pour cela, partons d'une version en API :

- [ʃaʁ-lə-maɲ / ki-e-tɛ-lə-fis-də-pe-pɛ̃-lə-bʁɛf / fy-ku-ʁɔ-ne-ɑ̃-pə-ʁœ-ʁɑ̃-lɑ̃-ɥi-sɑ̃ //] (A)
- [lɑ̃-pə-ʁœʁ-ki-a-ete-ku-ʁɔ-ne-ɑ̃-pə-ʁœ-ʁɑ̃-lɑ̃-ɥi-sɑ̃ /etɜ-ʃaʁ-lə-maɲ/ lə-fis-də-pe-pɛ̃-lə-bʁɛf //] (B)

Dans le cas A, la relative est placée dans un mot phonique qui lui est propre. Ainsi, elle est employée comme une apposition, et ne sert pas à définir l'antécédent.

Dans le cas B, la relative fait partie du mot phonique du sujet principal. Elle est intimement liée à son antécédent, et sert donc à le définir.

On voit ainsi que les virgules servent à rendre par écrit les limites du mot phonique supplémentaire.

4.8.2   Lorsque l'antécédent est *ce, rien, quelque chose*

Lorsque l'antécédent est *ce*, *rien* ou *quelque chose*, on a un problème : ces trois antécédents ne sont ni masculin, ni féminin. Ils sont donc *neutres*.

Et lorsque l'antécédent est neutre, et que le pronom relatif est introduit par une préposition, on doit remplacer *que* par *quoi*.

✦ *C'est ce à quoi je pense.* (Je pense à cela.)

✦ *C'est quelque chose à quoi nous pensons.* (Nous pense à quelque chose.)

✦ *Il n'y a rien de quoi elle ait peur.* (Elle n'a peur de rien)

4.9   Le groupe verbal

La prosodie agit de plusieurs manières sur le groupe verbal :
- Elle détermine sa structure.
- Elle influe sur sa valence et sur les pronoms personnels qu'il abrite.
- Elle influe sur les conjugaisons.

4.9.1   Rappelons les temps du français :

Lorsque l'on apprend la conjugaison des verbes, on se concentre sur la voix active, avec tous ses modes et tous ses temps. Nous nous servirons de l'arbre généalogique des temps du français, qui nous montre, en partant de l'infinitif, quel temps est à l'origine du suivant.

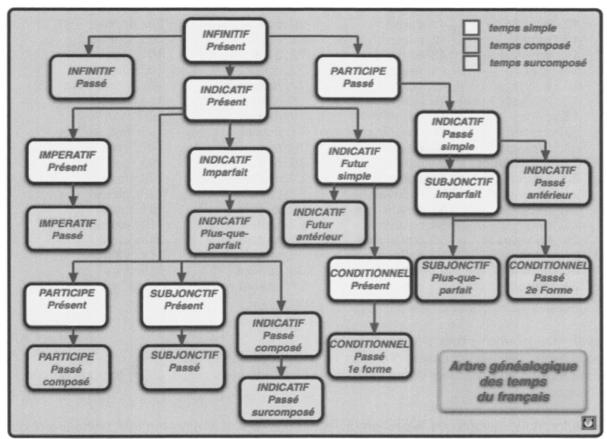

L'ordre dans lequel nous allons présenter les temps s'inspire de cet arbre généalogique.
On y trouve 23 temps, mais rassurez-vous, tous ne vous donneront pas tant de travail que cela.
Dans *eGrammaire*, nous partons de l'infinitif, que l'on trouve dans les dictionnaires (*écrire*), et que l'on apprend avec sa valence (*qc à qn*)et l'auxiliaire avec lequel il se conjugue (*être*).

> Ex :   *écrire qc à qn (avoir), mourir Ø (être)*

Nous voyons d'abord les temps simples de base, dont la conjugaison est plus ou moins complexe (indicatif présent, participe passé, indicatif imparfait, futur simple, passé simple, subjonctif présent).
Nous passons ensuite à ceux qui se forment assez facilement (participe présent, conditionnel présent, subjonctif imparfait), et nous terminons par les temps composés, pour lesquels il suffit de savoir conjuguer l'auxiliaire au temps simple correspondant, et de le faire suivre du verbe au participe passé que l'on n'oubliera pas d'accorder si besoin est.

Rappelons les 115 verbes types, tels qu'ils figurent dans le Larousse de la conjugaison et dont nous nous servons dans *eGrammaire* :

Les 115 verbes types

1. avoir	30. envoyer	59. savoir	88. résoudre
2. être	31. aller	60. valoir	89. suivre
3. chanter	32. finir	61. prévaloir	90. vivre
4. baisser	33. haïr	62. voir	91. paraître
5. pleurer	34. ouvrir	63. prévoir	92. naître
6. jouer	35. fuir	64. pourvoir	93. croître
7. saluer	36. dormir	65. asseoir	94. accroître
8. arguer	37. mentir	66. surseoir	95. rire
9. copier	38. servir	67. seoir	96. conclure
10. prier	39. acquérir	68. pleuvoir	97. nuire
11. payer	40. venir	69. falloir	98. conduire
12. grasseyer	41. cueillir	70. échoir	99. écrire
13. ployer	42. mourir	71. choir	100. suffire
14. essuyer	43. partir	72. déchoir	101. confire
15. créer	44. revêtir	73. vendre	102. dire
16. avancer	45. courir	74. répandre	103. contredire
17. manger	46. faillir	75. répondre	104. maudire
18. céder	47. défaillir	76. mordre	105. bruire
19. semer	48. bouillir	77. perdre	106. lire
20. rapiécer	49. gésir	78. rompre	107. croire
21. acquiescer	50. saillir	79. prendre	108. boire
22. siéger	51. ouïr	80. craindre	109. faire
23. déneiger	52. recevoir	81. peindre	110. plaire
24. appeler	53. devoir	82. joindre	111. taire
25. peler	54. mouvoir	83. battre	112. extraire
26. interpeller	55. émouvoir	84. mettre	113. clore
27. jeter	56. promouvoir	85. moudre	114. vaincre
28. acheter	57. vouloir	86. coudre	115. frire
29. dépecer	58. pouvoir	87. absoudre	

4.9.2 Le groupe verbal.

Nous avons déjà eu l'occasion d'étudier de près le groupe verbal.
Nous savons en particulier où se placent les pronoms personnels, sujet, tonique ou dans la valence.

En outre, nous savons que le pronom sujet n'a pas droit à son propre mot phonique et qu'il est annexé par le groupe du verbe.
Il nous reste à voir l'influence de la prosodie sur les conjugaisons.

4.9.3 Le verbe et sa valence
4.9.3.1 La conjugaison

Les difficultés commencent avec le présent de l'indicatif des verbes du 1er groupe, qui posent plusieurs problèmes d'orthographe et de prononciation.
Nous allons, en partant du présent de l'indicatif, voir dans quelle mesure la prosodie intervient dans les conjugaisons.

4.9.3.1.1 Les semi-consonnes

Notons que les verbes *copier* et *prier* posent un problème d'ordre phonétique. En effet, lorsque la terminaison est {–e}, elle ne se prononce pas, puisque [ə] (e caduc) ne se prononce pas en fin de mot. Le {i} du radical se prononce donc [i] .

prier	copier
je prie [pʁi]	**je copie** [kɔpi]
tu pries [pʁi]	**tu copies** [kɔpi]
il / elle prie [pʁi]	**il/elle copie** [kɔpi]
ils/elles prient [pʁi]	**ils/elles copient** [kɔpi]

Mais lorsque la terminaison est une voyelle autre qu'un **e caduc**, le [i] du radical se trouve en contact avec la voyelle de la terminaison. On a alors ce que l'on appelle un **hiatus**, ce dont nous avons parlé dans le chapitre sur le système phonique et l'intonation du français.
Comme ce hiatus est désagréable aux oreilles françaises, on applique la règle de phonétique suivante:

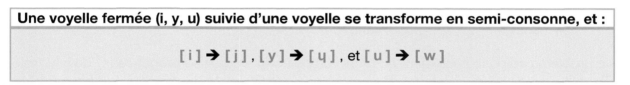

Une voyelle fermée (i, y, u) suivie d'une voyelle se transforme en semi-consonne, et :

$$[i] \rightarrow [j], [y] \rightarrow [ɥ], \text{ et } [u] \rightarrow [w]$$

Ainsi, nous aurons :

prier	copier
nous prions [pʁijɔ̃]	nous copions [kɔpjɔ̃]
vous prije [pʁije]	vous copiez [kɔpje]

Le problème est le même pour les verbes *jouer* et *saluer*, qui contiennent, eux aussi, des voyelles fermées juste avant la terminaison.
Ainsi, nous aurons :

jouer
- *je joue, tu joues, il / elle joue, ils / elles jouent* [ʒu]
- *nous jouons* [ʒwɔ̃] , *vous jouez* [ʒwe]

saluer
- *je salue, tu salues, il / elle salue, ils / elles saluent* [saly]
- *nous saluons* [salɥɔ̃] , *vous saluez* [salɥe]

En ce qui concerne les verbes, cette règle se modifie un petit peu, pour permettre au radical de garder la voyelle qui doit être transformée, afin de faciliter la reconnaissance du verbe. On applique ici la *règle du glissando* dont nous avons déjà parlé au § 2.2.7.
Juste après la fin de la voyelle, on rajoute la semi-voyelle correspondante. Donc:

[i] devient [ij]   *crie* ➜ *crions* [kʁijɔ̃]
[y] devient [yɥ]   *salue* ➜ *saluons* [salyɥɔ̃]
[u] devient [uw]   *joue* ➜ *jouons* [ʒuwɔ̃]

 Nous pouvons donc dire que les quatre verbes : *jouer, saluer, copier et prier* sont réguliers, et suivent la règle de base de la conjugaison. Les règles phoniques expliquent alors les variations de cette prononciation.

Bien entendu, ces problèmes de hiatus se poseront aussi pour d'autres temps, chaque fois qu'une voyelle fermée du radical se trouve devant une terminaison constituée d'une voyelle autre que [ə] :

Ex : *elle criait* [kʁi-jɛ] *elle cria* [kʁi-ja]

4.9.3.1.2 Radical en {c} ou {g}

→ *Familles 2 à 8 : Verbes qui suivent cette règle à l'orthographe près*

2 →	Verbes dont le radical se termine par {c} ou {g}.
3 à 8 →	Verbes dont la dernière syllabe du radical contient un {e}.

→ *Famille 2 : Verbes au radical se terminant par {c} ou {g}*

L'un des principes de la conjugaison des verbes réguliers, c'est que l'on garde la prononciation du radical. Ceci pose un problème d'orthographe pour les verbes dont le radical se termine par *{c}* ou *{g}*.

Par exemple, le verbe *manger* possède un *{g}* qui, à l'infinitif, se prononce [ʒ]. **Il faut garder cette prononciation à travers toute la conjugaison du verbe.**

Cela ne pose pas de problème lorsque *{g}* est placé devant un *{e}* ou un *{i}*. Mais lorsqu'il est placé devant *{a}*, *{o}* ou *{u}*, la lettre *{g}* se lit : [g].
Pour que la prononciation en soit [ʒ], il va falloir rajouter un *{e}* entre *{g}* et la voyelle qui suit.
Ainsi, nous aurons:

je mange [ʒə-mɑ̃ʒ]→ *nous mangeons*. [nu-mɑ̃-ʒɔ̃]

Le problème se pose également pour les verbes en {c}, lequel se prononce [s] devant *{e}* et *{i}*, mais [k] devant *{a}*, *{o}* ou *{u}*. Pour garder la prononciation [s] devant *{a}*, *{o}* et *{u}*, il faut modifier l'orthographe, et *{c}* devient *{ç}*. Nous aurons alors :

j'avance [ʒa-vɑ̃s] → *nous avançons* [nu-za-vɑ̃-sɔ̃] .

radical + er		devant {e} ou {i}		devant {a}, {o} ou {i}	
c	avancer [s]	c	*elle avance*	{ç}	nous avançons
g	manger [ʒ]	g	*elle mange*	{ge}	nous mangeons

Voici les verbes qui suivent cette règle :

verbes de la famille 2		
avancer	j'avance / nous avançons	16
manger	je mange / nous mangeons	17
acquiescer	j'acquiesce / nous acquiesçons	21
siéger *)	je siège / nous siégeons	22

*) on retrouvera ce verbe, pour des raisons d'accents, dans la famille 7.

4.9.3.1.3 Verbe en [y] dont la conjugaison a évolué

→ *Famille 3 : Verbes dont le radical se termine par {y}*

Ces verbes qui, au radical, se terminent par *{y}* , ont une grande ressemblance avec les verbes *copier* et *prier* (famille 1). Dans ces verbes, le *{i}* se prononçait [i] devant la terminaison *{e}*, et [j] devant une autre voyelle, à cause du hiatus.
Pour les verbes de la catégorie 3, le problème du hiatus est le même. Mais **nous ne pouvons pas les mettre dans la catégorie 2, parce qu'ils ne changent pas seulement de prononciation: ils changent aussi d'orthographe.**
Pour ces verbes, donc, lorsque la terminaison n'est pas *{e}*, le *{i}* s'écrit *{y}* et se prononce [j].

Notez que, devant la terminaison *{e}*, le *{i}* ne se prononce pas: il se combine avec une autre lettre (ex : a + i), et il est donc lu autrement [ɛ].
Prenons l'exemple de *payer*. Il n'y a pas si longtemps, on écrivait:

payer ➜ paye	
je paye [pɛj]	**nous payons** [pɛjɔ̃]
tu payes [pɛj]	**vous payez** [pɛje]
il /elle paye [pɛj]	**ils / elles payent** [pɛj]

Mais au cours des dernières décennies, *paye* est devenu *paie* [pɛ].

payer ➜ paie	
je paie [pɛ]	**nous payons** [pɛjɔ̃]
tu paies [pɛ]	**vous payez** [pɛje]
il /elle paie [pɛ]	**ils / elles paient** [pɛ]

Les autres verbes de la famille 3 présentent un problème du même genre :

les verbes de la famille 3		
payer	je paie / nous payons	11
ployer	je ploie / nous ployons	13
essuyer	j'essuie / nous essuyons	14
envoyer	j'envoie / nous envoyons	30

4.9.3.1.4 Verbes dont le radical se termine par {e}
➜ *Famille 4: Verbes dont le radical se termine par {e}*

Les verbes dont le radical se termine par une syllabe contenant pour seule voyelle {e} posent un problème particulier. Prenons par exemple le verbe *semer*.
A la 1ère personne du singulier, on devrait écrire * ~~je seme~~ .

⚠ Or, **nous savons qu'il n'est pas permis d'accentuer une syllabe contenant un e caduc**, à l'exception toutefois du pronom personnel *le*, comme dans *regarde-le* !
Comme la terminaison en contient un, elle ne peut pas être accentuée. Et comme le radical se termine lui aussi par une syllabe contenant un e caduc, celle-ci ne peut pas non plus être accentuée. Comme son nom l'indique, il tombe, meurt, disparaît…
Alors, pour que le verbe se prononce, la langue française a évolué de telle façon que le *{e}* se prononce [ɛ].

L'orthographe doit tenir compte de cette prononciation:
- pour les verbes de la famille 4, on écrira *{è}* : *elle achète*
- pour les verbes de la famille 5, on redoublera la consonne qui suit: *il appelle*.
- pour le verbe de la famille 6, on écrit dans tous les cas *{-ll-}* : *j'interpelle / nous interpellons*.
Lorsque la terminaison contient une autre voyelle, on peut l'accentuer, et le *{e}* reste.

Nous aurons donc les familles suivantes :

autres verbes de la famille 4		
semer	je sème / nous semons	19
peler	je pèle / nous pelons	25
acheter	j'achète / nous achetons	28
dépecer *)	je dépèce / nous dépeçons	29

*) Le {ç} s'explique selon la règle énoncée pour la famille 2.

4.9.3.1.5 La dernière syllabe du radical a pour seule voyelle {e} et on redouble la consonne

➔ *Famille 5: La dernière syllabe du radical a pour seule voyelle {e} , {e} ➔ {e} et redoublement de la consonne.*

La règle phonétique est la même que pour la famille 4. Seule la solution orthographique est différente. **Dans ce cas, on redouble la consonne finale du radical** :

ex: *appeler → j'appelle* [ɛ]

Famille 5		
appeler	j'appelle [ʒa-pɛl] / nous appelons [nu-za-pə-lɔ̃]	24
jeter	je jette [ʒɛt] / nous jetons [ʒə-tɔ̃]	27

4.9.3.1.6 La dernière syllabe du radical a pour seule voyelle {e} : L'orthographe ne change pas

➔ *Famille 6: La dernière syllabe du radical a pour seule voyelle {e} : l'orthographe ne change pas*

Dans cette catégorie, la prononciation change comme dans les catégories 3, 4 et 5. Cependant, l'orthographe ne change pas. Dans les deux cas, la consonne est redoublée.

Famille 6		
interpeller	j'interpelle [-pɛl] / nous interpellons [-pə-lɔ̃]	24

4.9.3.1.7 La dernière syllabes du radical a pour seule voyelle {é} : seule la prononciation change

➔ *Familles 7 et 8: La dernière syllabes du radical a pour seule voyelle {é} : l'orthographe ne change pas, contrairement à la prononciation*

La règle phonétique qui régit ces verbes est celle des voyelles mi-ouvertes et mi-fermées, à savoir:

- mi-fermées: [e], [ø], [o]
- mi-ouvertes: [ɛ], [œ], [ɔ]

Une règle, qui connaît quelques exceptions au nord de la Loire, dit:

Voyelles mi-ouvertes, mi-fermées

Dans le cas des voyelles mi-ouvertes / mi fermées, lorsque la syllabe est fermée (se termine par une consonne), la voyelle est ouverte, mais quand elle est mi-ouverte (se termine par une voyelle), la voyelle est mi-fermée.

Quand on dit: céder [sede], on a 2 syllabes: [se] et [de].

La syllabe [se] est ouverte, puisqu'elle se termine par une voyelle.

Lorsque l'on dit : je cède, [sɛd], la terminaison {e} est un e muet. La voyelle ne se prononçant pas, la consonne [d] se trouve intégrée à la coda de la syllabe précédente. Cette syllabe qui se termine par une consonne est donc fermée. Par conséquent, la voyelle se prononcera [ɛ].

4.9.3.1.8 La dernière voyelle du radical se prononce [e], l'orthographe est {é}
➔ *Famille 7 : La dernière voyelle du radical se prononce [e], l'orthographe est {é}*

La règle énoncée ci-dessus nous explique pourquoi la prononciation change. L'orthographe rend compte de ces différences: [e] ➔ {é} [ɛ] ➔ {è}

verbes de la famille 7		
céder	je cède / nous cédons	19
rapiécer *)	je rapièce / nous rapiéçons	25
siéger *)	je siège / nous siégeons	29

*) Je n'ai pas besoin de vous expliquer pourquoi l'orthographe change puisque nous l'avons déjà vu pour la famille 2

4.9.3.1.9 La dernière syllabes du radical se prononce [e], l'orthographe étant {ei}
➔ *Famille 8 : La dernière syllabes du radical se prononce [e], l'orthographe étant {ei}*

Dans ce cas, seule la prononciation change, l'orthographe restant la même.

Famille 8	
déneiger	je déneige [denɛʒ] / nous déneigeons 24 [deneʒɔ̃]

Là aussi, {g} devient {ge} pour que la prononciation reste la même. (cf famille 2)

4.10 Impératif et pronoms
Nous avons déjà eu l'occasion d'évoquer le problème des pronoms personnels de la valence à l'impératif, et en particulier *me* et *te*, qui, se trouvent placés à la dernière place du mot phonique et qui, donc, doivent recevoir l'accent tonique.
Or, *me* et *te* ne pouvant pas recevoir cet accent tonique, on les remplace par *moi* et *toi* qui, eux, peuvent recevoir cet accent tonique.
Ainsi :

Tu le lui donnes ➔ Donne-le-lui !
[ty-lə-lɥi-dɔn] ➔ [dɔn-lə-lɥi]

 Comme on le voit, [lɥi] est inaccentué dans le premier cas, et accentué dans le deuxième.

Tu me le donnes ➔ donne-le-moi ! (me le ➔ le-moi)
[ty-mə-lə-dɔn] ➔ [dɔn-lə-mwa]

 Comme on le voit, [mə] est inaccentué dans le premier cas, et, pour être accentué dans le deuxième, est devenu [mwa].

5. Ressemblances et différences entre oral et écrit

Réfléchissons sur la façon dont la locutrice peut coder des idées en langage oral, puis écrit.
Ensuite, nous réfléchirons à la façon dont son interlocuteur peut les décoder.
Enfin, nous ferons une comparaison entre les deux codes, oral et écrit.

5.1 Codage des pensées en texte oral, puis, écrit

Partons d'une simple aventure arrivée à Lucie un dimanche matin.

5.1.1 L'histoire

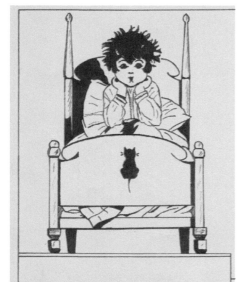

La jeune Lucie s'est réveillée à six heures du matin pour aller à l'école.
Avant de se lever, elle a réfléchi un instant et s'est rappelé qu'on était dimanche.
Alors, elle s'est rendormie.

Ceci correspond à :

[la-ʒœn-ly-si/sɛ-re-ve-je-a-si-zœʁ-dy-ma-tɛ̃-pu-ʁa-le-a-le-kɔl //]
[a-vɑ̃-də-sə-le-ve /ɛ-la-ʁe-fle-ʃi-œ̃-nɛs-tɑ̃ /e-se-ʁa-pə-le-kõ-ne-tɛ-di-mɑ̃ʃ //]
[a-lɔʁ / ɛl-sɛ-ʁɑ̃-dɔʁ-mi //]

Dessins : R.Meunier (1936)

Quels sont les éléments importants ?

Titre	Élément	N°
Le lieu :	Le lit de Lucie.	(a)
Le temps :	Un dimanche matin à six heures.	(b) les faits sont passés.
Les faits :	▪ Elle se réveille.	(c a)
	▪ Elle va pour se lever pour aller à l'école.	(c b)
	▪ Elle se rappelle que c'est dimanche.	(c c)
	▪ Elle se rendort.	(c d)

5.1.2 Le codage en texte oral

Une fois que les idées sont claires, il faut passer à l'oral. Quand Lucie formule ses idées dans sa tête, elle le fait dans la langue parlée en utilisant la grammaire intuitive qu'elle a apprise, avant d'être scolarisée, au contact avec son entourage familial, enrichie par le temps de la grammaire cognitive dont elle a pu apprendre les règles à l'école.
Elle raconte ce qui lui est arrivé à la troisième personne du singulier. Cela donne :

[la-ʒœn-ly-si/sɛ-ʁe-ve-je-a-si-zœʁ-dy-ma-tɛ̃-pu-ʁa-le-a-le-kɔl //]
[a-vɑ̃-də-sə-le-ve / ɛ-la-ʁe-fle-ʃi-œ̃-nɛs-tɑ̃ /e-se-ʁa-pə-le-kõ-nɛ-tɛ-di-mɑ̃ʃ //]
[a-lɔʁ / ɛl-sɛ-ʁɑ̃-dɔʁ-mi //]

Notons qu'elle emploie les verbes au passé composé (sauf *avant de* + infinitif). Elle a bien conjugué le verbe réfléchir avec l'auxiliaire *avoir*, et les verbes pronominaux (*se réveiller, se rappeler, se rendormir*) avec l'auxiliaire *être*. Enfin, elle a bien employé l'imparfait pour *avoir*, puisqu'on avait déjà commencé à être dimanche, et que, à 6 h du matin, on l'était encore (simultanéité au contact = imparfait). En revanche, on ne sait pas si elle aurait bien accordé les participes car l'accord ne s'entend pas pour les verbes employés.

Étudions la répartition en syllabes pour voir les cas les plus intéressants :

oral	explication
si-zœʁ	Le [z] est passé du mot six [sis] au mot {heures} [œʁ] en devenant sonore [z] pour faire la liaison.
pu-ʁa-le	Le [ʁ] est passé du mot {pour} [puʁ] au mot {aller} [alle] pour faire la liaison.
œ̃-nɛs-tɑ̃	Le [n] est passé du mot {un} [œ̃] au mot {instant} [ɛ̃s-tɑ̃] pour faire la liaison.
kɔ̃-nɛ-tɛ	Le [n] est passé du mot {on} [ɔ̃] au mot {était} [ɛ-tɛ] pour faire la liaison.

Voyons aussi la répartition en mots phoniques :

Mot phonique	Explication
[la-ʒœn-ly-si/	Mot phonique du nom sujet {Lucie} [ly-si]
sɛ-ʁe-ve-je-a-si-zœʁ-dy-ma-tɛ̃-pu-ʁa-le-a-le-kɔl //]	Mot phonique du verbe principal {s'est réveillée} [sɛ-ʁe-ve-je]
[a-vɑ̃-də-sə-le-ve /	Mot phonique constituant un complément circonstanciel de temps {avant de se lever} [a-vɑ̃-də-sə-le-ve] placé avant le verbe principal dont il partage le sujet.
ɛ-la-ʁe-fle-ʃi-œ̃-nɛs-tɑ̃ /	Mot phonique contenant le pronom sujet {elle} et le verbe principal {a réfléchi} [a-ʁe-fle-ʃi]
e-se-ʁa-pə-le-kɔ̃-nɛ-tɛ-di-mɑ̃ʃ //]	Mot phonique coordonné (par et) contenant un verbe principal {s'est rappelé} [se-ʁa-pə-le] et la subordonnée complétive du discours indirect introduite par {que} [kɔ̃] .
[a-lɔʁ /	Mot phonique contenant un adverbe articulateur
ɛl-sɛ-ʁɑ̃-dɔʁ-mi //]	Mot phonique contenant le pronom sujet {elle} [ɛl-] et le verbe principal {s'est rendormie} [sɛ-ʁɑ̃-dɔʁ-mi].

5.1.3   Le codage en texte écrit

Mot phonique	Explication	
la-ʒœn-ly-si/ **La jeune Lucie**	La jeune Lucie	Déterminant féminin/singulier Adjectif qualificatif féminin/singulier Nom propre féminin singulier
sɛ-ʁe-ve-je-a-si-zœʁ-dy-ma-tɛ̃-pu-ʁa-le-a-le-kɔl //]	s'est réveillée à six heures du matin	Verbe se réveiller : pronominal (être) Préposition Adjectif numéral cardinal = 6 Nom féminin pluriel → s Préposition de + article *le* → du (masculin/Singulier) Nom commun (masculin/Singulier)
a-vɑ̃-də-sə-le-ve /	Avant de se lever	Préposition de temps + infinitif Infinitif
ɛ-la-ʁe-fle-ʃi-œ̃-nɛs-tɑ̃ /	elle a réfléchi un instant	Pronom personnel sujet féminin singulier Verbe {réfléchir} passé composé (3e pers /singulier) Déterminant Article indéfini masculin singulier Nom commun (masculin/Singulier)
/e-se-ʁa-pə-le-kɔ̃-nɛ-tɛ-di-mɑ̃ʃ //	et s'est rappelé qu' on était dimanche	Conjonction de coordination Verbe pronominal Passé composé 3e pers. du sing. Conjonction (introduit disc. Indirect affirmative) Pronom sujet indéfini 3e pers. singulier Verbe {être} imparfait 3e pers. singulier Nom commun (masculin/Singulier)
a-lɔʁ /	Alors	Adverbe de temps /conséquence articulateur
ɛl-sɛ-ʁɑ̃-dɔʁ-mi //	Elle S'est rendormie	Pronom personnel sujet féminin singulier Verbe se rendormir : pronominal (être) Passé composé 3e pers. singulier

On aura remarqué que, dans la version écrite, les conjugaisons sont les bonnes, que les accords entre sujets et verbes (personne / nombre) ou participes passés sont tous corrects, et que les déterminants, les adjectifs et les noms ont le même accord.

On aura sans doute remarqué que la grammaire de l'écrit était plus difficile et plus exigeante que celle de l'oral.

Cependant, l'oral comme l'écrit ont une structure semblable quant à la répartition des monèmes et lexèmes ainsi que celle des mots phoniques.

5.1.4 Décodage des textes oraux en pensées

Lorsque l'on entend un texte oral, on suit la démarche suivante :

On découpe le texte en mots phoniques. Pour cela, on repère les syllabes qui ont un accent tonique et on suit l'organigramme suivant :

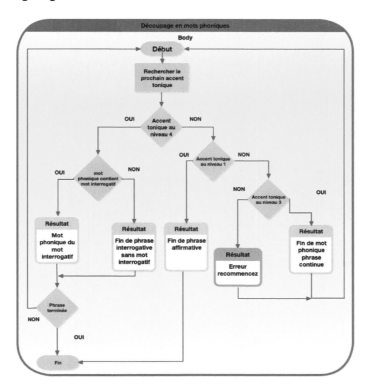

Forme orale	Commentaires
[la-ʒœn-ly-si/] [la-ʒœn-si /] c.m.	Mot phonique du sujet . Se termine au niveau 3. La phrase continue.
[sɛ-ʁe-ve-je-a-si-zœʁ-dy-ma-tɛ̃-pu-ʁa-le-a-le-kɔl//] [sɛ-ʁe-ve-je-a-si-zœʁ-dy-ma-tɛ̃-pu-ʁa-le- a -le-kɔl //] c.m.	Mot phonique du verbe. Se termine au niveau 1. La phrase se termine.
[a-vã-də-sə-le-ve /] [a- vã- də- sə- lə -ve/] c.m.	Mot phonique contenant un complément circonstanciel de temps, placé avant le verbe principal. Se termine au niveau 3. La phrase continue.

[ε-la-ʁe-fle-ʃi-œ̃-nɛ̃s-tɑ̃ /] [ε - la - ʁe-fle-ʃi - œ̃-nɛ̃s-tɑ̃ /] c.m.	Mot phonique contenant le sujet pronom personnel et le verbe principal. Se termine au niveau 3. La phrase continue.
[e-se-ʁa-pə-le-kɔ̃-nɛ-tɛ-di-mɑ̃ʃ //] [e- se- ʁa-pə- le- kɔ̃-nɛ- tɛ- di- mɑ̃ʃ //] c.m.	Deuxième verbe principal coordonné par [e] {et}. Se termine au niveau 1. La phrase se termine.
[a-lɔʁ / ɛl-sɛ-ʁɑ̃-dɔʁ-mi //] [a- lɔʁ / ɛl-sɛ - ʁɑ̃-dɔʁ-mi //] c.m.	Deux mots phoniques. Adverbe articulateur: alors. Se termine au niveau 3. La phrase continue. ---------------------------------- Mot phonique contenant le sujet pronom personnel et le verbe principal. Se termine au niveau 1. La phrase se termine.

Une fois que l'on a les mots phoniques, on décode les syllabes et on reconstitue les monèmes et morphèmes.
A partir de l'oral, on reconstitue l'écrit. On ajoute les conjugaisons et les accords.

la-ʒœn-ly-si/	La ʒœn lysi/	La Jeune Lucie
sɛ-ʁe-ve-je-a-si-zœʁ-dy-ma-tɛ̃-pu-ʁa-le-a-le-kɔl //]	sɛ-ʁe-ve-je a -si œʁ dy ma-tɛ̃ puʁ a-le- a l e-kɔl //]	S'est réveillée (conjugué+accord) A Six Heures (accord : pluriel) Du Matin Pour Aller (accord : infinitif) A L' Ecole
a-vɑ̃-də-sə-le-ve /	a-vɑ̃- də sə-le-ve	Avant De Se lever (infinitif de verbe pronominal))
ε-la-ʁe-fle-ʃi-œ̃-nɛ̃s-tɑ̃ /	ε-l a-ʁe-fle-ʃi œ̃ ɛ̃s-tɑ̃ /	Elle : Pronom sujet 3e pers. du singulier A réfléchi : Passé composé / conjugué Un : Article indéfini masc. Singulier Instant : non commun, c. circ. De temps
/e-se-ʁa-pə-le-kɔ̃-nɛ-tɛ-di-mɑ̃ʃ //	/e- se-ʁa-pə-le k ɔ̃- ɛ-tɛ di-mɑ̃ʃ //	Et : conj. De coordination S'est rappelé :passé composé / accord Qu' conjonction + discours indirect On : pronom sujet 3e pers. singulier Etait : imparfait, 3e pers du sing Dimanche : nom=compl. circ de temps
a-lɔʁ /	a-lɔʁ /	
ɛl-sɛ-ʁɑ̃-dɔʁ-mi //	ɛl- sɛ-ʁɑ̃-dɔʁ-mi //	Elle : S'est rendormie : conjugué + accord

5.2 Caractéristiques de l'oral et de l'écrit

Comme nous venons de le constater, la langue orale est celle que manipule notre cerveau, et qui lui permet de formuler, d'expliciter les idées qui naissent dans ce cerveau.
Voyons comment cela fonctionne :

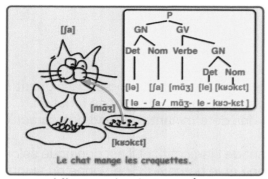

Voici une image contenant :
- Un chat.
- Des croquettes dans une assiette.
- Une flèche rouge qui représente le chemin suivi par les croquettes de l'assiette vers la gueule du chat, qui représente donc l'action de *manger*.

Nous allons étudier comment l'on passe de la représentation du chat mangeant des croquettes au texte oral :

[lə-ʃa / mãʒ-le-kʁɔ-kɛt//]

- L'image du chat représente le *signifié* que l'on désigne par le *signifiant* [ʃa] .
- La flèche représente le *signifié* que l'on désigne par le *signifiant* [mãʒ]. Ce signifié désigne une action faisant entrer de la nourriture dans la gueule du chat.
- L'image des croquettes représente le *signifié* que l'on désigne par le *signifiant* [kʁɔkɛt].

Pour dire que le chat mange les croquettes, il faut appliquer les règles de la syntaxe qui organisent les unités linguistiques.

5.2.1 Découpage en mots phoniques.

La phrase doit être présentée sous la forme de deux mots phoniques :
Un groupe nominal sujet, et un groupe verbal contenant le verbe principal et ses compléments. Comme le verbe *manger* a la valence *qc* (quelque chose), on aura donc, outre le verbe, un groupe nominal COD contenant le *qc*.
Cette syntaxe est représentée sur l'image par un arbre syntaxique.

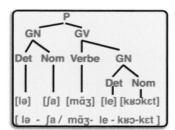

- P = phrase
- GN = groupe nominal
- GV = groupe verbal
- Det = déterminant
- Nom = nom
- Verbe = verbe

On remarquera que le nom [ʃa] ↔ *{chat}*, qui est masculin singulier, devra être précédé d'un déterminant assorti. Le [ʃa] étant un signifié précis et seul, de genre masculin, on emploiera un article défini, masculin, singulier : [lə] ↔ *{le}*.

On remarquera que le nom [kʁɔkɛt], qui est pluriel, devra être précédé d'un déterminant assorti. Les [kʁɔkɛt] étant un signifié précis et pluriel, on emploiera un article défini, pluriel : [le] ↔ *{les}*.

5.2.2 Vocabulaire

Le vocabulaire se compose de plusieurs sortes de signifiants (5 lexèmes=3 monèmes et 2 morphèmes) :
- Deux monèmes de la catégorie des noms : [ʃa] et [kʁɔkɛt], représentant des éléments concrets.
- Un monème de la catégorie verbe : [mãʒ], qui représente une action, et qui a pour valence : manger qc.
- Deux morphèmes, deux déterminants, dont le choix dépend du genre et du nombre du signifiant auquel ils se rapportent. En outre, ce choix dépend aussi du caractère défini ou indéfini de ces signifiants.

       o **[ʃa]** : Défini, masculin, singulier . On choisira l'article défini, masculin, singulier : **[lə]** ↔ *{le}*.

       o **[kʁɔkɛt]** : Défini, féminin, pluriel . On choisira l'article défini, masculin, pluriel : **[le]** ↔ *{les}*.

5.2.3   Syntaxe

La syntaxe orale diffère quelque peu de son homologue écrite.

5.2.3.1 Oral

La syntaxe, comme nous l'avons vu ci-dessus, règle la structure de la phrase, assignant à chaque lexème (monème, verbe ou morphème) une place selon sa nature et sa fonction.

En outre, elle veille à assurer les accords. Ici, le choix des déterminants dépend des caractéristiques des noms auxquels il se rapportent.

Le verbe est mis au temps correspondant (ici, le présent de l'indicatif), et il est conjugué selon le mode (ici, indicatif), le temps (ici, présent) la personne et le nombre (3ᵉ personne du singulier) du sujet.

Enfin, les croquettes étant plusieurs, elle mettrait le nom **[kʁɔkɛt]** au pluriel, sauf que l'on n'entend pas le {s} que l'on retrouve à l'écrit. Cela aurait été le cas si l'on avait ajouté un mot commençant par une voyelle, qui nous aurait obligés à faire une liaison :
{Les croquettes aimées} **[le-kʁɔ-kɛt-zɛ-me]**.

5.2.3.2 Écrit

L'écrit se construit selon la même structure que l'oral. Mais ce n'est plus l'intonation qui permet de reconnaître la fin d'un mot phonique, mais la *ponctuation*.

[a-lɔʁ / ɛl-sɛ-ʁɑ̃-dɔʁ-mi //]

Alors, elle s'est rendormie.

La virgule montre la fin du premier mot phonique, le point montre la fin de la phrase.

La grande différence se situe au niveau des accords et des conjugaisons.

N°	Version orale	Version écrite
A	[la-ʒœn-ly-si/sɛ-ʁe-ve-je-a-si-zœʁ-dy-ma-tɛ̃-pu-ʁa-le-a-le-kɔl //]	*La jeune Lucie s'est réveillée à six heures du matin pour aller à l'école.*
	L'article [la] montre que [ʒœn] *{jeune}* et [ly-si] Lucie sont féminin/singulier. [sɛ-ʁe-ve-je] *{s'est réveillée}* Montre que l'action est passée au moment où on en parle. [s] {S'} renvoie à Lucie. La liaison dans [si-zœʁ] {six heures} montre que le nom [œʁ] est au pluriel. Il n'y a pas d'autres indices.	On retrouve l'article *{la}* le participe *{réveillée}* s'accorde avec être avec le sujet Lucie. Le *{e}* en est le signe (féminin/singulier). Le *{s}* de heures , signe de pluriel, est dû à l'emploi de *{six}* **[si-zœʁ]**
B	[a-vɑ̃-də-sə-le-ve / ɛ-la-ʁe-fle-ʃi-œ̃-nɛ̃s-tɑ̃ / e-se-ʁa-pə-le-kɔ̃-nɛ-tɛ-di-mɑ̃ʃ //]	*Avant de se lever, elle a réfléchi un instant et s'est rappelé qu'on était dimanche.*
	[sə leve], qui est un verbe en *{er}*, permet plusieurs interprétations : er, ez,é, ée, és, ées, ai, et dans le Sud de la France, ais, ait, aient. [a-vɑ̃-də] *{Avant de}* est suivi de l'infinitif. [ɛ-la-ʁe-fle-ʃi] désigne un passé composé conjugué avec avoir. [e-se-ʁa-pə-le] est un passé composé d'un verbe réfléchi. [kɔ̃-nɛ-tɛ-di-mɑ̃ʃ] est un discours indirect. Le verbe est à l'imparfait car le verbe introducteur [se-ʁa-pə-le] est à un temps du passé. Le présent du discours direct [ɔ̃-nɛ-tɛ] devient un imparfait [ɔ̃-nɛ-tɛ]	L'analyse de l'oral vaut aussi pour l'écrit, avec quelques petites différences. [sə leve], *{se lever}* dévoile qu'il s'agit d'un infinitif (après *{avant de}*). *{A réfléchi}* ne s'accorde pas puisqu'il n'y a pas de COD placé avant. *{s'est rappelé}* s'écrit avec un seul l après le [ə]. Le participe passé ne s'accorde pas car le verbe est occasionnellement pronominal (quand le sujet agit sur lui-même) et qu'il suit les règles d'accord avec *{avoir}*. Le verbe *se souvenir*, qui est toujours pronominal, suit les règles de l'accord avec *{être}* *{elle s'est souvenue}*. Le verbe *{être}* est conjugué à l'imparfait, 3ᵉ personne du singulier : *{on était}*

C	[a-lɔʁ / ɛl-sɛ-ʁɑ̃-dɔʁ-mi //]	*Alors, elle s'est rendormie*
	Le verbe [sɛ-ʁɑ̃-dɔʁ-mi] est conjugué au passé composé. A l'oral, on n'a pas besoin de connaître la forme finale (i, ie, is, ies, etc.)	Le verbe est au passé composé. Comme c'est un verbe pronominal, il est conjugué avec {être}. Le participe s'accorde. En effet, le verbe *rendormir qn* est un verbe occasionnellement pronominal, qui ne l'est que quand le sujet fait l'action sur lui-même. Bien que conjugué avec *être*, il suit les règles de l'accord avec *avoir*. *Elle se rendort = Elle rendort elle-même*. L'objet direct {se} est placé avant et représente {elle}. Il y a donc accord (féminin/singulier)

Rajoutons qu'à l'écrit, il y a les problèmes d'orthographe, que l'on n'a pas à l'oral.
Les terminaisons inaudibles : alors, instant,
Les combinaisons de voyelles ou consonnes : réveiller, dimanche, rendormi.
Les consonnes redoublées : réveiller, aller, se rappelle /se rappeler,
Les h muets : heures

5.2.4   Pragmatique et culture générale
5.2.4.1 Pragmatique

L'orthographe s'acquiert par la pragmatique. A force de voir un mot écrit d'une certaine façon, on finit par apprendre comment il s'écrit.

Comment orthographier [si-no-ro-dɔ̃] si on ne l'a jamais vu écrit ? On peut bien sûr consulter un dictionnaire : *Le **cynorhodon** ou **cynorrhodon** est le fruit de l'églantier.*

Même s'il y a deux orthographes possibles pour ce mot, on n'a que peu de chances de deviner comment il s'orthographie si on n'a jamais eu l'occasion de le voir écrit.

C'est surtout au décodage que l'on a besoin de mobiliser toutes ses connaissances pour éviter les erreurs grossières. Prenons pour exemple quelques extraits des Proverbes de Pierre Perret (Pierre Perret 1971). Essayons de retrouver les véritables proverbes :

N°	Version de Pierre Perret	Version normale du proverbe
A	Là où il y a Eugène, il n'y a pas de plaisir.	Là où il y a de la gêne, il n'y a pas de plaisir.
B	Celui qui paye Arlette s'enrichit.	Qui paye ses dettes s'enrichit.
C	Il ne faut jamais juger les gens sur la gamine.	Il ne faut jamais juger les gens sur la mine.
D	Il faut … battre son père tant qu'il est chaud.	Il faut battre le fer tant qu'il est chaud.

Lorsque l'on ne comprend pas le sens, on essaie de trouver une solution acoustiquement proche, même si cela n'a pas beaucoup de sens.

A : *gêne* inspire *Eugène*. Peut-être connaît-on un Eugène avec lequel on se gêne ?
B : Les *dettes* nous rappellent *Arlette*. Peut-être une Arlette travaille-t-elle pour nous ?
C : La *mine* nous rappelle *la gamine*, même si cela n'a pas beaucoup de sens.
D : Le dernier proverbe trahit un manque de goût. La véritable version rappelle le travail du forgeron, *qui bat le fer quand il est chaud*. A froid, il n'arriverait pas à lui donner une forme différente. La version de Pierre Perret suggère de *battre son père tant qu'il est chaud*, et donc, vivant. Cela ne sert à rien de le battre s'il est froid, et donc, mort. C'est logique, à défaut d'être moral.

Dans son livre *Mes élèves et moi*, Jean Burnat nous parle du gendarme Morel qui discute avec le professeur de français d'une faute que sa fille aurait faite lors de la dernière dictée.
Le texte était :
Les poules s'étaient enfuies dès qu'on leur avait ouvert la porte du poulailler.
La jeune Morel avait écrit :
Les poules s'étaient enfuies : des cons leur avait ouvert la porte du poulailler.
Le père trouvait que la version de sa fille était tout-à-fait correcte. De fait, deux obstacles empêchent de choisir cette solution :

- Le mot « *con* » ne fait pas partie du vocabulaire employé dans les dictées, qui est d'un niveau empêchant l'usage de mots aussi vulgaires.
- La ponctuation nécessaire ne correspond pas exactement à celle de l'original.

Pourtant, il faut bien reconnaître que cette solution est conforme à la logique, car il faut être bien bête pour ouvrir les portes du poulailler en grand, au risque de permettre aux poules de s'enfuir. Sans oublier que le mot *con* fait sans doute partie du vocabulaire courant du gendarme.

Il faut donc, avant de choisir une solution, vérifier qu'elle est possible et logique.

5.2.4.2 Culture générale

Plus l'interlocuteur a de culture générale, plus il a de chances d'être bien compris. Sinon, il faut se limiter et se mettre à sa portée, quitte à rester le plus simple possible.

5.2.5 Différences écrit / oral

Lorsque l'on écrit un texte, on peut réfléchir avant, relire ce que l'on a écrit, reprendre les parties que l'on estime insuffisantes, et, avec l'ordinateur, déplacer des paragraphes, les reprendre ou les éliminer sans grand effort, et surtout, sans que cela se voie au résultat. On peut y passer autant de temps que nécessaire, consulter des livres, des dictionnaires, internet ou même aller faire un tour à la bibliothèque.

A l'oral, le problème se pose autrement. A moins de réciter un texte que l'on a appris par cœur, tel le discours d'un homme politique, que son auditoire écoute sans jamais avoir le droit d'intervenir, le seul fait de devoir répondre à des questions, ou d'argumenter, nécessite un minimum de réflexion.

On connaît le fameux conseil :« *Tourne sept fois la langue dans ta bouche avant de parler.* » Mais il faut maintenir l'intérêt de son interlocuteur. Voici un petit extrait d'une émission de France Culture du 25.07.2019 à 13h, intitulée « *Privatisations : Tout doit disparaître ?* ». La présentatrice vient de poser une question concernant la chute des cours de la bourse d'une entreprise que l'on voulait privatiser. L'économiste invité tente une réponse :

« *Ah oui... Parce que... alors, je pense... enfin... il y a deux choses pour... Ce qui se passe en bourse ne reflète pas toujours la vie réelle. Bon, voilà ... Il y a... Bon, il y a... Ça reflète les anticipations des acteurs financiers sur ce qui se passe etc...* »

Voilà un début difficile, et je vous passe encore les « euh » répétés.

Il est en effet très difficile de coordonner une pensée avec sa réalisation orale. Bien sûr, comme disait Boileau, « *ce qui se conçoit bien s'énonce clairement, et les mots pour le dire arrivent aisément.* » Appliqué à notre exemple, cela voudrait dire que le locuteur ne sait pas trop de quoi il parle, ou que, du moins, il lui faut du temps pour rassembler ses idées.

Il se peut aussi qu'il soit sujet au trac. Après tout, il parle à des millions d'auditeurs, et cela peut le paralyser en partie. Au bout de quelques minutes, il a pris de l'assurance, et cela a rendu ses propos plus clairs, même si les « euh » sont restés assez nombreux.

Certains locuteurs sont plus habiles à cacher leurs hésitations. Ils emploient des mots qui semblent faire partie de l'élocution normale. Ces mots varient selon la mode. Autrefois, on avait droit aux « *n'est-ce pas ?* », qui sollicitaient de l'interlocuteur son approbation. Les élèves comptabilisaient souvent ceux de leurs professeurs, et on atteignait alors plus de cent occurrences par heure. Il y a eu les « *voyez-vous ?* ». Actuellement, ce sont les « *en fait* » qui, comme les amphétamines dopent les textes oraux. Apparemment, il s'agit d'un élément de logique, mais en réalité, on pourrait s'en passer le plus souvent.

On trouve aussi les « *si vous voulez* », qui en fait (= en réalité) semblent requérir notre approbation. Mais si on ne veut pas, cela ne change rien. Il y a aussi les « *comment dire* », où le locuteur vous prend à témoin du mal qu'il se donne pour trouver la bonne formulation.

C'est justement parce qu'il n'est pas toujours facile de trouver la bonne explication que l'on a intérêt, à l'oral, à s'exprimer de façon simple. De plus, il ne faut pas non plus mésestimer le fait que la mémoire a une capacité limitée et que l'on risque fort que le locuteur oublie avant la fin ce que l'on a dit au début. Il faut donc éviter les longues phrases à la Proust, dont les faiseurs de dictées sont friands, parce que le nombre de subordonnées promet un exercice d'analyse logique particulièrement long. Si l'on emploie *d'une part, d'autre part*, il ne faudrait surtout pas, lorsqu'arrive « *d'autre part* », que l'on ait déjà oublié ce qui se passait « *d'une part* ». C'est pourquoi on a intérêt à faire des phrases plus courtes qu'à l'écrit, et à pratiquer l'art de la redondance pour rappeler à intervalles réguliers les choses les plus importantes.

6. Comment intégrer tout cela dans votre enseignement ?

Nous voilà arrivés au terme de notre étude sur l'influence de la prosodie en général, et de sa composante l'intonation en particulier sur la grammaire du FLE. La question qui se pose maintenant est celle de savoir comment se servir de tout cela dans votre enseignement.

6.1 Revoyons le contenu de cet ouvrage

Voici la carte mentale qui correspond à notre étude.

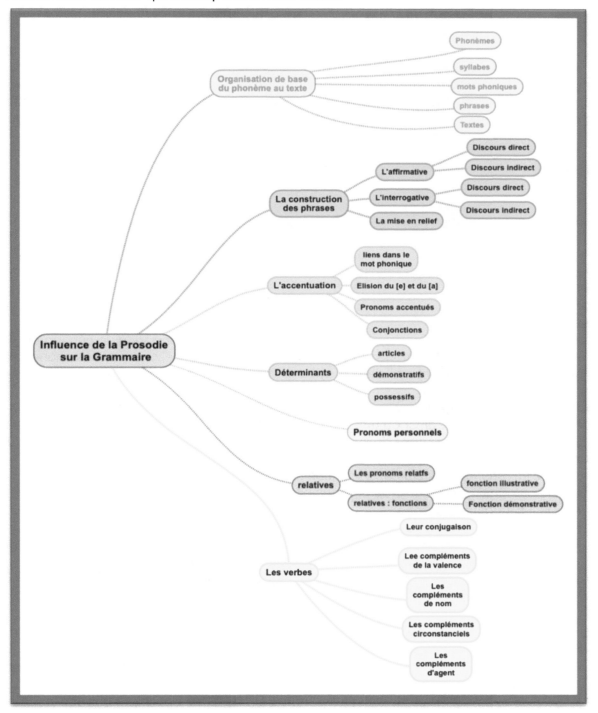

Un simple coup d'œil sur cette carte mentale montre l'importance de l'influence de la prosodie, et en particulier de sa composante l'intonation sur la grammaire.

6.2 Les buts de cet ouvrage

Les buts de cet ouvrage sont les suivants :

- Initier les enseignantes de FLE (et les autres) à la prosodie du français et à sa composante l'intonation.
- Montrer leur influence sur la grammaire du FLE, tant pour l'oral que pour l'écrit.
- Sensibiliser les enseignant(e)s de FLE à la phonétique corrective. (Phonèmes et prosodie)

6.3 Les moyens que cet ouvrage met au service des enseignantes et enseignants de FLE

Outre une description des phonèmes (consonnes, voyelles et semi-consonnes, cet ouvrage propose une description graphique permettant la compréhension et la description de l'affirmative, de l'interrogative, et ce tant pour l'intonation non-marquée (fonction délimitative) que pour la version marquée (fonction intentionnelle).

De plus, on vous propose une étude détaillée sur l'influence de la prosodie sur la grammaire, dans tous les domaines évoqués sur la carte mentale.

6.4 Comment procéder ?

Surtout si vous n'en avez pas l'habitude, il vous faudra intégrer la phonétique dans votre enseignement.

Pour les phonèmes, écrire en phonétique API les mots nouveaux, surtout ceux dont la prononciation s 'éloigne quelque peu de la forme écrite.

Lorsqu'un élève apprend un mot nouveau, il est nécessaire qu'on lui ait appris comment il se prononçait, et que l'on ait vérifié la qualité de sa prononciation avant d'écrire le mot au tableau.

Pour chaque structure décrite dans cet ouvrage, préciser la prononciation, le découpage en syllabe, la prononciation de l'intonation avec un graphique en portée, décrivant les phonèmes, les syllabes, le niveau atteint par chaque syllabe, les accents, les mots phoniques et les parenthèses hautes ou basses.

Vous trouverez sur le site www.la-grammaire-du-fle.com une initiation pour l'enseignante à la phonétique corrective, ainsi qu'une méthode de phonétique corrective pour l'apprenant, avec des exercices autocorrigés de compréhension et des exercices de production que vous pourrez corriger vous-même ou faire corriger par le site.

Vous serez en mesure, grâce à cette initiation :

- De reconnaître les fautes de prononciation.
- De les identifier.
- De mettre au point une méthode pour les corriger.
- De faire des exercices d'application directe, puis des exercices de transfert, qui s'éloigneront du cadre phonétique pour intervenir dans n'importe quel autre cadre.

Vous pourrez, lors de n'importe quelle activité linguistique, vous référer à une base connue de vous comme de vos apprenants.

6.4.1 Utiliser le site www.la-grammaire-du-fle

Ce site recèle le contenu de cinq sites différents :

- *eGrammaire :* le site de la grammaire de base, avec la théorie syntaxique, des tests de début et de fin de chapitre, des exercices autocorrigés.
- *Phonétique corrective* : initiation pour les enseignantes et apprentissage pour les apprenants, avec des exercices autocorrigés. Sous la rubrique « outils : Prosodie et

Grammaire» de ce site sur la phonétique corrective, vous trouverez une liste de tous les patrons utilisés dans cet ouvrage, avec la prononciation en API, les graphiques prosodiques (phonèmes, syllabes, mots phoniques, accents, niveaux et longueur des syllabes) et l'enregistrement sonore directement consultable.

- *Conception des temps en français, anglais et allemand* (en collaboration avec Jean Piètre-Cambacédès) : une étude comparée de l'emploi des temps dans les trois langues, avec des exercices autocorrigés.
- *Théorie des temps par les Tpt* (Traits pertinents temporels) : un emploi des voix, des modes et des temps selon une toute nouvelle méthode, celle des Traits pertinents temporels (Tpt).
- *La valence verbale* : comment enseigner et employer la valence verbale.

6.4.2 Utiliser les ouvrages écrits

Pour accompagner ce site, un certain nombre de livres peuvent être utilisés :

6.4.2.1 Grammaire du FLE :

→ **eGrammaire BoD** 2014 ISBN : 978-2-322-08398-5
→ **Grammaire participative BoD 2 015** ISBN : 2 015 978-2-322-08403-6

Site : www.la-grammaire-du-fle.com

6.4.2.2 Phonétique corrective :

→ **Petit guide de la Phonétique corrective BoD** ISBN : 978-2-322-08399-2

Site : www.la-grammaire-du-fle.com
Cours pour les enseignants
Cours pour les apprenants

Prosodie et Grammaire :
→ **Prosodie et Grammaire BoD** ISBN : 979-10-94113-19-6
Site : www.la-grammaire-du-fle.com

6.5 N'hésitez pas à joindre l'auteur sous
christmeunier@icloud.com

que ce soit pour lui demander des précisions ou pour lui faire des remarques, des critiques constructives voire lui prodiguer des encouragements.

7. Bibliographie

{C'est le printemps} « *C'est le Printemps* », méthode de FLE. Auteurs : enseignants du CLA de Besançon, Clé International 1976

{Burnat Jean 1952} Burnat, Jean : *Mes élèves et moi* Paris, Calmann-Lévy 1952

{Courbis, Monterymard 2014} COURBIS Anne MONTERYMARD Stéphanie , *La voix de l'enfant prépubère de 8 à 10 ans* © Université Claude Bernard Lyon1 - ISTR - Orthophonie.

{Meunier 2014} Meunier, Christian *eGrammaire* BoD 2014

{Meunier 2015} Meunier, Christian *Grammaire participative* BoD 2015

{Meunier 2015a} Meunier, Christian *Petit Guide de la Phonétique corrective* BoD 2015

{Pièrre-Cambacédès- Meunier} Pièrre-Cambacédes, Jean, Meunier, Christian *La Conception du temps en français, anglais, allemand* Éditions du FLE- Distribué par Bookelis 2017

{Meunier-Meunier 2017} Meunier, Gérard & Meunier, Christian *OrthoFLE, Le livre du professeur d'orthographe* Editions du FLE Bookelis 2017

{Morel/Danon-Boileau 1998} *Grammaire de l'intonation* Ophrys 1998

{Perret Pierre 1971} Pierre Perret *Les Proverbes* Editions Adèle 1971

{Rossi 1999} Rossi Mario *L'intonation, le système du français* Ophrys 1999

8. Table des matières

© 2019, Meunier, Christian
Edition : Books on Demand,
12/14 rond-Point des Champs-Elysées, 75008 Paris
Impression : BoD - Books on Demand, Norderstedt, Allemagne
ISBN : 9782322096008
Dépôt légal : septembre 2019